AF174364

¡Ssssssshhhhhhhhhh!

Haz del teatro algo íntimo

Llévalo siempre en el bolsillo

Cubierta y diseño editorial: Éride, Diseño Gráfico
Dirección editorial: ángel jiménez

Primera edición: septiembre, 2025

La misma historia
Pedro Víllora
© VdB, 2025
Espronceda, 5
28003 Madrid

VdB®

ISBN: 979-13-87644-33-8
Depósito Legal: M-18171-2025
Diseño y preimpresión: Éride, Diseño Gráfico

Cualquier forma de reproducción, distribución, comunicación pública
o transformación de esta obra solo puede ser realizada con la autorización
de sus titulares, salvo excepción prevista por la ley. Diríjase a CEDRO
(Centro Español de Derechos Reprográficos, www.cedro.org) si necesita
fotocopiar o escanear algún fragmento de esta obra.

Cualquier representación pública de esta obra debe ser autorizada por el autor.
La autorización puede ser tramitada a través de la Sociedad General de Autores
y Editores (SGAE).

Todos los derechos reservados.

VdB® es una marca registrada de Éride, S.L.

 Este libro protege el entorno

la misma historia

©Goyo de Pacheco

Pedro Víllora
(La Roda, Albacete, 1968)

Licenciado en Comunicación Audiovisual, Dirección de Escena y Teoría de la Literatura, ha sido periodista (RNE, Telemadrid, ABC, El Mundo) y profesor (Universidad Complutense, Resad...). Entre sus obras destacan *La misma historia*, *Electra en Oma*, *Bésame macho*, *El juglar del Cid*, *Auto de los inocentes*, *Mundo Dante*, *Ofelia* o *María Callas, sfogato*. También ha adaptado textos de Emilia Pardo Bazán (*Insolación*), Galdós (*El caballero encantado*), Gómez de la Serna (*La sagrada cripta de Pombo*), Molière (*Tartufo*), Ibsen (*Casa de muñecas*), Calderón (*La vida es sueño* y *La dama duende*), Sondheim (*Into the Woods*)..., así como el musical *Los chicos del coro*.

Con el ilustrador Das Pastoras ha publicado *Hércules 1417*. Otros libros suyos son *Por el amor de Ladis* (relatos), *Aprendizaje de la mezquindad* (poesía) o *Juegos de cine* (ensayo). Ha escrito las memorias de Sara Montiel (*Vivir es un placer*), Imperio Argentina (*Malena Clara*) y María Luisa Merlo (*Más allá del teatro*) y ha editado a Ana María Matute (*Casa de juegos prohibidos*), Terenci Moix (*La noche no es hermosa*) o Adolfo Marsillach (*Teatro completo*), además de la antología del musical español *Teatro frívolo*. En 2017 recibió la Medalla al Mérito Cultural de Castilla-La Mancha.

PEDRO VÍLLORA

la misma historia

Esta obra se estrenó en el Teatro Pavón de Madrid
el 17 de marzo de 2002, interpretada por
Vicente Camacho (ÉL / HIJO / MUCHACHO),
Alberto de Miguel (PADRE / MAESTRO / MIGUEL), Sara Illán (ELLA),
y Amparo Pamplona (MADRE / LINA).

Dirección: Juanjo Granda.

Al padre S., la madre J.,
el hermano S., el hermano J.J.,
y la hermana A.R.,
sin cuya presencia esta historia
no habría sido la misma.

Es, pues, bajo el signo de un impulso interior suma-
mente peculiar, como queremos presentar el drama que
se desarrollará a continuación.
Jean Genet. *Querelle*

¡Es imposible analizarlo y profundizarlo todo si
queremos seguir adelante!
Thomas Mann. *La montaña mágica*

Aquel día hizo lo que todos los días.
Ana María Matute. *El tiempo*

Sombras reveladas

Es sabido que los seres humanos somos narradores por naturaleza. Nuestra existencia se teje en el tiempo como un relato, o quizá es el propio tiempo el que nos escribe. Una historia con inicio, desarrollo y desenlace, al estilo de los dramas clásicos. Pero esa aparente linealidad no es más que una ilusión. O al menos así lo plantea Pedro Víllora en esta obra, donde subyace la certeza de que la vida no avanza en línea recta, sino como un entramado de relatos que se cruzan, se contradicen y se transforman sin cesar.

Algunas obras desbordan las estructuras narrativas convencionales para adentrarse en los recovecos del alma humana, y la que nos propone Víllora es, sin duda, una de ellas. Desde su título, la pieza juega con una paradoja esencial: lo que parece distinto no es más que una repetición bajo otra forma. El autor nos sumerge en una trama donde múltiples historias se entrelazan, reflejándose unas en otras, cambiando de apariencia, pero siempre conectadas a un mismo núcleo. La cuestión de fondo es si estos fragmentos representan relatos verdaderamente distintos o si, como sugiere el título, estamos atrapados en un ciclo que se repite con variaciones.

Un hijo que busca hacerse oír frente a unos padres que prefieren ignorarlo. Un hermano y una hermana inmersos en una atracción prohibida. Un joven discípulo y su maestro, atrapados en un juego de poder y traición. Un padre y una madre que intentan explicar, cada cual a su manera, el destino de su hijo.

A simple vista, cada historia parece independiente, pero al ahondar en ellas emergen patrones recurrentes: el conflicto generacional, la incomunicación, el deseo reprimido, la culpa, la violencia latente y la imposibilidad de escapar del destino. La estructura fragmentada refuerza la idea de que, aunque los nombres cambien y las circunstancias varíen, las tensiones esenciales siguen siendo las mismas. El protagonista, el hijo, lo expresa claramente en su monólogo inicial:

«Para decir la verdad se han inventado las historias. Esta es la historia de una verdad que no se puede contar, aunque se cuenta».

Este dilema atraviesa toda la obra. Cada personaje intenta narrar su versión de los hechos, pero ninguna parece ser definitiva. Se nos presenta una serie de relatos que se contradicen y complementan a la vez, sugiriendo que la verdad es esquiva y que la memoria está hecha de múltiples capas. Si bien las historias se repiten, no todas terminan igual. Algunas concluyen en violencia, otras en resignación, otras en delirio. Esta variación de los finales nos lleva a una reflexión sobre el destino: ¿estamos condenados a repetir los mismos errores o hay alguna posibilidad de cambio? La obra deja la pregunta abierta, pero su tono trágico sugiere que la rueda de la historia sigue girando sin fin.

Desde la antigua tragedia griega hasta el teatro más contemporáneo, las historias de padres e hijos, de traiciones, de amores imposibles y deseos que no se pueden nombrar han cambiado de forma, pero no de fondo. Víllora nos coloca frente a esta condena: sus personajes creen estar contando algo único, propio, pero en realidad solo repiten, una vez más, un relato antiguo, escrito mucho antes que ellos.

Con una estructura fragmentada y un lenguaje que oscila entre la poesía y la introspección, la obra despliega variaciones de un mismo conflicto: la figura del hijo en su lucha con el padre, en su vínculo con la madre, en el eco de un destino que parece inscribirse una y otra vez a lo largo de generaciones. Aquí no hay historia nueva, pero sí una forma distinta de mirarla, de habitarla, de intentar –tal vez en vano– torcer su curso. Esta obra acierta de pleno al meterse en las entrañas de nuestras contradicciones con un lenguaje que corta y acaricia a la vez, poético pero afilado, siempre cargado de verdad. Aquí todo es pugna: el deseo de comunicarse contra la imposibilidad de decir lo esencial, el anhelo de cercanía chocando con el miedo a mostrarse. Padres e hijos, hermanos, maestros y discípulos se baten en diálogos donde la ternura y la violencia se enredan hasta ser indistinguibles, dejando al descubierto las pulsiones más profundas que nos mueven: el deseo, el temor, la culpa.

Otro de sus grandes hallazgos es su estructura dramática, que dinamita la linealidad y nos arrastra a un juego de espejos donde los personajes se desdoblan y las historias mutan sin cesar. No es solo un recurso formal, sino un golpe directo a nuestra percepción: lo que vemos se escapa, lo que creemos fijo se desmorona. Y en ese vértigo surge la gran pregunta: ¿somos capaces de contar nuestra verdad o solo sabemos vestirla con los disfraces de la ficción?

No es casual la cita de *Querelle* que abre la obra. Genet, con su universo de deseo y violencia, es un referente ineludible. También resuenan Tennessee Williams, con su sensualidad torturada; García Lorca, con su lirismo trágico; Pinter, con sus silencios densos como nubes de tormenta, o Pasolini, con su provocación como herramienta de revelación. Víllora recoge estos ecos y los transforma en un artefacto teatral de alta intensidad emocional, donde la palabra se encarna en el cuerpo y la verdad se disfraza de ficción.

En *La misma historia*, el destino parece estar sellado desde el primer instante. La cuestión es si sus personajes, alguna vez, encontrarán la grieta por la que escapar. Quintiliano hablaba del canto oscuro, esa vibración subterránea en la palabra, un ritmo secreto que no solo se oye, sino que se siente. No es un simple adorno estilístico, sino una resonancia profunda, el eco de algo antiguo que atraviesa el tiempo. En la dramaturgia de Pedro Víllora, este «canto oscuro» se encarna en un lenguaje desnudo y preciso, con la cadencia de un rito donde cada palabra despierta memorias ancestrales, como si hablara directamente a lo más hondo de nosotros.

El teatro, en su esencia cíclica, es siempre la misma historia contada de mil formas. Y, aun así, seguimos buscándola, necesitándola, como si cada repetición trajera consigo una revelación, una clave oculta para entendernos mejor. *La misma historia* se disfruta en la lectura por su potencia literaria y su carga simbólica, pero su verdadera naturaleza se despliega en escena, en la respiración de los cuerpos, en el choque de las voces, en la tensión que late entre los personajes. Con una potencia poética y expresiva arrolladora, la obra reclama una puesta en escena que se aleje del realismo y se aventure en territorios más estilizados, oníricos, casi rituales. Aquí los personajes no solo existen dentro del espacio escénico: lo modelan, lo invocan con sus palabras, sus silencios, sus gestos cargados de sentido. Son arquitectos de un mundo que se construye y se desvanece ante nuestros ojos.

Pedro Víllora ha tejido una pieza de gran profundidad y belleza, un artefacto teatral que dialoga con la tradición para reinventarla con una voz propia, lúcida y arriesgada. Resuenan en sus páginas ecos de los grandes dramaturgos, pero siempre bajo la impronta de una mirada única, capaz de iluminar con inteligencia y sensibilidad los repliegues más oscuros del deseo, la identidad y la memoria. *La misma historia* no es solo un texto: es un umbral que interpela, sacude y deja una huella imborrable en quien se atreve a atravesarlo.

Ernesto Caballero

Personajes

Hijo
Padre
Él
Ella
Madre
Muchacho
Maestro
Lina
Miguel

Escena I
Historia del hijo.

Una cama. El Hijo *sentado en primer término. Al fondo, figuras entrevistas.*

Hijo   Todo, y cuando digo todo me refiero a cuanto va a poder ser contemplado a partir de ahora mismo; todo, repito, forma parte de lo que en algún momento del pasado habría sido considerado mi sacrificio expiatorio. Sé que hoy, en cambio, ya no es tiempo de sacrificios, ni de expiación pública de los pecados; tal vez ni siquiera sea tiempo de redención. No importa, porque nada de lo que quiero contar tiene que ver con el pecado. Nada, aunque lo pueda parecer, es fruto de un deseo inmoral... Pero yo no soy quién para hablar de deseos y culpas, y quizá en mí habite una mancha cuyo escondrijo ignoro. Si esa mancha existe, quisiera saber en qué lugar se encuentra, cómo surgió, a qué me obliga, cuál es su fin... Aunque no sé qué estoy diciendo. Me contradigo. Hablo de una mancha que no sé si existe. Afirmo que no he pecado y sin embargo planteo un sacrificio, un intento de borrar cualquier culpabilidad y recuperar la inocencia, mi inocencia. No puedo defender a la vez una cosa y su opuesta. Debo decidir y elegir entre dos contrarios, pero no tengo una idea clara de mí, no sé lo que me pasa, no estoy seguro de lo que quiero, no sé abrir mi corazón. Doy demasiados rodeos para hablar de mí, pero yo solo sé contar historias… Esta es la historia de un hijo que cuenta historias a unos padres que no siempre las quieren escuchar. Y esta es también la historia de unos padres que quisieran escuchar otra historia de labios de su hijo, la historia verdadera, la historia real. ¿Pero acaso alguien sabe cuál es la verdad de su historia? ¿Sabe el padre cuál es la verdad? ¿Lo sabe la madre? ¿Lo sabe el hijo? La verdad no se puede contar. Para decir la verdad se han inventado las historias. Esta es la historia de una verdad que no se puede contar, aunque se cuenta, y de personas que no quieren escuchar, pero que escuchan. Y es una historia de sobras conocida: la de cualquier hijo que se hace mayor… Para contar algo fácil y pequeño he creado muchas historias. Historias de padres e hijos, de madres e hijos, de padres y madres y hasta de hijos y hermanos. Historias que son, todas, la misma historia, y que no me atrevo a contar; por eso he pedido a mi padre que esté aquí, a mi lado, para apoyarme en él y que sea él quien os cuente una historia que, quizá, también tenga que ver con su propia historia.

Escena II
El camino de los sueños.

PADRE   Esta historia que voy a contar, que debo contar, no es la mía. No es mi historia. Nunca lo ha sido, y espero, deseo, que nunca lo sea. Habla de un muchacho que podría ser mi hijo, pero que también podría no serlo, y de una joven que podría ser hija mía, pero que seguramente no lo es. Es la historia de un hermano y de una hermana, que son ellos; pero yo, que no sé casi nada, tampoco sé sus nombres. Mi hijo, el que sí es mi hijo, y que es quien ha imaginado esta y el resto de las historias, no me ha dicho cómo se llaman. Y eso me molesta, porque no tengo tanta imaginación como él ni me muevo bien en terrenos…, y pido perdón por una pedantería que no va conmigo…, en terrenos abstractos. Debo referirme a ellos simplemente como Él y Ella, aunque preferiría utilizar nombres propios, concretos, de la misma manera que prefiero saber que tienen una cara, y no otra, así como un cuerpo, que es uno, ese, y no otro. Digamos que este hermano y esta hermana están en un espacio concreto y real que es la casa de Ella, y, para ser más precisos aún, en su dormitorio, probándose unos jerseys… Y están solos, aunque su historia no pueda entenderse sin una madre y un padre que, por suerte, no se parecen en nada ni a mi esposa ni a mí. Aunque esto último lo digo yo, no mi hijo, porque al contarme la historia por primera vez tuve la impresión, quisiera creer que falsa, de que él pensaba otra cosa.

ÉL   ¿Este?... No, seguramente no... Es que me cuesta decidirme.

ELLA   Te puedes quedar todos los que quieras.

ÉL   Me basta con uno. Para dos días tan solo no necesito saquear tu guardarropa.

PADRE   Me pregunto qué hace el chico en el dormitorio de su hermana, por qué se prueba su ropa, para qué necesita un jersey.

ÉL   ¿Y si me quedase con este?

ELLA   Por favor, no seas ridículo.

ÉL   Pues es tuyo. Tú sabrás por qué te lo has comprado.

ELLA   No me lo recuerdes que ni yo lo sé. Debía de tener una depresión o algo por el estilo. No creerás que he sido capaz de ponerme esto alguna vez.

ÉL   Sí, sí; disimula ahora si quieres, pero acabas de perder todo tu prestigio de señora elegante, hermanita. No será a ti a quien recurra cuando necesite consejo.

ELLA   Mejor sería que te callases y escogieses algo. Ya has visto todo lo que tengo, así que no puedes elegir salvo entre estos.

ÉL   No sé; no hay ninguno que me atraiga especialmente.

PADRE   ¿Especialmente? ¿Qué quiere decir «especialmente»? ¿Por qué habla así, tan raro?

ELLA   ¿Por qué no te quedas este?

ÉL   ¿Tú crees?… Sí, quizá… pero no.

PADRE   No le gusta. No son estas las cosas que a él le gustan.

ÉL   Este mejor, ¿verdad? Sí, me lo llevo; es el que me sienta perfecto.

ELLA   ¿Estás seguro?

ÉL   ¿No te gusta?

ELLA   No es que no me guste, pero no creo que sea el color adecuado para ti.

ÉL   ¿Por qué no? ¿Eh? ¿O es que vas a tener ahora prejuicios también tú?

ELLA   Cállate; no sabes lo que dices.

ÉL   Sí, sí lo sé; y tú también lo sabes. ¿O acaso
                te estás volviendo como él?

PADRE   ¿Cómo quién?

ELLA   Basta. No pensé que te pusieses así por una
                tontería. Vístete del color que quieras y no
                le des más importancia.

ÉL   Perdona; es que me dejo llevar.

ELLA   Da igual.

ÉL   No, no da igual, y me da rabia no saber con-
                tenerme.

ELLA   Vamos, déjalo. No vamos a preocuparnos por
                nada después de dos años sin vernos.

PADRE   Tanto tiempo sin verse, sin saber el uno del
                otro, sin conocerse.

ÉL   Sí, tienes razón, ya sé, pero es tan difícil en-
                tender que el tiempo pasa y que las cosas pier-
                den su antigua dimensión. Se supone que ya
                deberíamos estar acostumbrados a que siem-
                pre ocurra así, pero no.

PADRE   Noto dolor.

ELLA   No debes hablar así.

PADRE   Noto tristeza.

ÉL   Es posible, pero cuesta demasiado olvidar la humillación constante, despreciar el desprecio de los otros y sus burlas.

PADRE   Rencor.

ELLA   No he querido volver a verte para que te muestres derrotado y al borde de la autocompasión.

ÉL   Tú puedes decirlo, pero a mí la propia compasión es lo único que me queda.

ELLA   Sabes que eso es falso. Aún me tienes a mí.

ÉL   ¿A ti? ¿Cuándo? ¿Dónde has estado, que no te he visto?

PADRE   Noto rencor.

ELLA   Eres cruel.

PADRE   Y es mutuo.

ELLA   No fui yo quien se marchó de casa y estuvo casi dos años sin dar señales de vida.

ÉL   ¿Acaso me lo vas a reprochar? No había más solución.

PADRE   Pero nunca hay solución si no se busca.

ELLA   No había más solución porque tú no quisiste buscarla. Era más fácil huir como un niño que discutir la realidad de un modo maduro y racional.

PADRE   Nunca hay solución si no se busca.

ÉL   ¿Cómo puedes ser tan cínica? Acusarme de inmadurez precisamente tú.

ELLA   Inmaduro, sí; y además débil y cobarde.

ÉL   Sabía que no debía venir. Está visto que nada ha cambiado.

ELLA   Calla.

PADRE   Sigue hablando.

ÉL   Era demasiado bonito pensar que podríamos estar juntos otra vez, como antes…

ELLA   Cállate, por favor.

PADRE   Escucha.

ÉL   …como se supone que deben estar dos hermanos.

PADRE   Dos hermanos.

ELLA   Me haces daño.

PADRE   Hermana y hermano.

ÉL   Lo siento.

PADRE   Son hermanos. Hermanos.

ELLA   No, no lo sientas; no te importe mi dolor. A veces es mejor decir lo que se piensa que mantenerlo oculto por un pudor estéril.

ÉL   Creo que debo irme.

PADRE   Pero no se irá.

ÉL   Esto ya no puede funcionar.

PADRE   Ya se ha ido una vez.

ELLA   Quédate.

PADRE   Nadie se marcha dos veces.

ELLA   Tal vez lo que nos falla es no habernos pegado nunca.

PADRE   Nadie regresa para marcharse de nuevo.

ELLA   Quizá haga falta hacernos daño de una vez para depurarnos y poder comenzar a estar de nuevo juntos.

ÉL   Puede ser, pero no sé cómo.

ELLA   Acabas de gritarme y te he cortado. Hazlo de nuevo. Vamos, grítame.

PADRE   Grítale.

ÉL   No.

PADRE   ¿Por qué no?

ELLA   Sí, grítame.

PADRE   Hazlo.

ELLA   Yo te lo pido.

PADRE   No puede.

ÉL   No puedo.

PADRE   No puede.

ELLA   Claro que puedes.

PADRE   Nunca ha podido.

ÉL   No, de verdad que no puedo.

PADRE   Él nunca puede.

ELLA   Antes pudiste y ahora también.

PADRE   Se negará.

ÉL   Pero ya no es lo mismo.

ELLA   ¿Por qué no?

PADRE   Pondrá una excusa.

ÉL   Porque ya no es como antes.

ELLA   Lo es si tú quieres.

PADRE   Cualquier excusa.

ÉL   Pero no sería natural.

ELLA   Sí lo sería.

ÉL   ¿Por qué? ¿Acaso sabes tú qué es lo natural?

PADRE   ¿Lo sabes tú?

ELLA   ¿Lo natural?

PADRE   ¿Qué sabes tú de lo natural?

ELLA   No sé…; tal vez sea lo espontáneo, lo que no se provoca conscientemente, sino que viene dado por la situación.

ÉL   Entonces no hay nada natural; y si lo hay, yo no lo he visto.

ELLA   Claro que existe lo natural; no todo está sujeto a planes y proyectos detallados.

PADRE   ¿Tú de qué hablas ahora?

ÉL   Falso; todo está determinado y controlado por la voluntad.

PADRE   ¿Qué significa esto?

ELLA   ¿Por qué eres tan negativo?

PADRE   ¿Qué hago aquí?

ÉL   No soy negativo.

PADRE   ¿Qué hago contando una historia en la que no creo?

ÉL   Solo te digo que no sería natural comportarnos como antes.

ELLA   Pero estaría bien.

PADRE   Una historia en la que he dejado de creer.

ÉL   Tú lo que quieres es pretender que nada ocurrió entre nosotros.

PADRE   Que no quiero creer.

ELLA   ¿Y eso qué tiene de malo? Se tiene un pasado para seleccionar lo que a uno le interesa, y hay mucho que me interesa de nosotros dos.

ÉL   ¿Para eso me has buscado después de tanto tiempo? ¿Para pasar en tu casa un fin de semana juntos recordando los viejos días? Pues si es así ya hemos terminado, porque yo no me acuerdo de nada.

PADRE   ¿Así hablan los jóvenes cuando están a solas?

ELLA   Espera…

PADRE   ¿De verdad hablan así? No me lo creo.

ELLA   Sí, hay cosas de las que te gustaría acordarte.

ÉL   ¿Ah, sí? ¿De qué? ¿De que una vez pude ir por la calle sin que a mi espalda se burlasen de mí, o ni siquiera a mi espalda, sino a la cara y sin atreverme a hacer nada?

ELLA   No; de que una vez fuimos niños pequeños los dos.

ÉL   De eso hace mucho tiempo.

ELLA   No tanto.

PADRE   ¿Quién no ha sido pequeño alguna vez?

ELLA   Y también de que jugábamos juntos, y nos reíamos, y hacíamos funciones que venían a ver los amigos y la familia.

ÉL   Sí, y también papá.

ELLA   No…

PADRE   No.

ELLA   …A él no le toca jugar aún.

PADRE   Yo no soy ese papá.

ELLA   Y nos aplaudían y luego nos íbamos a me-
            rendar y nos invitaban, y los tíos nos daban
            monedas para guardarlas en nuestras huchas;
            ¿te acuerdas?

ÉL   Sí.

PADRE   No.

ELLA   ¿Y te acuerdas también de cómo nos pedían
            que cantásemos canciones de mayores, de
            aquellos discos que ellos ponían en sus fies-
            tas y bailaban? ¿Eh? ¿Te acuerdas?

ÉL   Sí.

PADRE   No.

ELLA   Había una que me gustaba más que ninguna.
            Era una que decía (*Recita mientras el* PADRE
            repite algunas palabras.) «acaríciame al sueño
            del suave murmullo de tu suspirar; cómo ríe
            la vida si tus ojos negros me quieren mirar».

PADRE   Mírame.

ELLA   Era muy bonita…

PADRE   Aún lo eres.

ELLA   …Yo no sabía lo que quería decir…

PADRE   Pregúntamelo.

ELLA   …pero aquello del suave murmullo, a lo mejor era una cursilería, pero me parecía lo más hermoso del mundo.

ÉL   Era una canción muy hermosa.

PADRE   Ella lo es. Fíjate en ella.

ELLA   Y luego estaba tu preferida, una muy triste que hablaba de amores. Era también un tango y tenía la letra muy difícil, pero nos la aprendimos porque te gustaba, aunque a mí me costó mucho saberla bien. ¿Cómo decía? «Si yo tuviera el corazón…»

ÉL   No, no empezaba así; eso venía después. Era (*Recita.*) «uno busca lleno de esperanzas el camino que los sueños prometieron a sus ansias; sabe…»

(*Duda.*)

PADRE   Que la lucha…

ÉL   «…que la lucha es cruel y es mucha, pero lucha y se desangra por la fe que lo…» ¿Que lo qué?

PADRE   La fe que lo empecina.

ÉL   Sí que es difícil. Ya ni me acordaba de esa canción.

ELLA   Una canción preciosa.

ÉL   Bueno, no tanto.

ELLA   Sí, preciosa. ¿No te gustaría…?

PADRE   No se lo digas.

ÉL   ¿Qué?

PADRE   O sí, díselo. Total, ¿qué más da?

ELLA   ¿No te gustaría que volviésemos a cantarla juntos como antes?

ÉL   No sé si podría.

ELLA   Sí; nos la aprenderíamos otra vez y podríamos buscar un disco con la música sola y cantar a la vez. Seguro que sería muy divertido.

ÉL   Sí, y también vestirnos de gala o de disfraces, como los cantantes, y hacer una fiesta para nosotros dos.

ELLA   Y sonaría un tango.

PADRE   ¿De dónde sale esa música?

ELLA   Y tú me sacarías a bailar.

PADRE   ¿Quién está tocando?

ÉL   Señorita, por favor.

PADRE   No.

ELLA   Encantada, caballero.

PADRE   No bailéis. Los hermanos no bailan entre ellos,
            no juntan sus cuerpos, no se miran a los ojos.

ÉL   Es usted tan hermosa como el reflejo de la
            luna en un estanque.

PADRE   Esas cosas no se dicen.

ELLA   Y usted tan apuesto como un roble resistien-
            do el azote de los vientos.

PADRE   Esas palabras son propias del vals, no del
            tango.

ÉL   Su pelo es como luz derramándose en cas-
            cadas.

PADRE   Esas cosas no se dicen entre hermanos.

ELLA   Y su mirada tan misteriosa como la voz de la espesura.

ÉL   No entiendo cómo joya tan valiosa no tiene a su vera pretendientes que la cortejen.

ELLA   Quizá porque nunca hasta ahora pudo darse a conocer.

ÉL   ¿Y cómo ha logrado ocultarse de las gentes?

ELLA   Manteniéndome mi padre encerrada en su castillo.

              (ÉL *la suelta bruscamente y se detiene la música.*)

ÉL   Puta.

PADRE   Zorra.

ELLA   Perdóname, no he querido decir eso.

ÉL   Puta, puta.

PADRE   Tenías que hacerlo.

ELLA   No he querido decir eso.

PADRE   Pero ese padre no soy yo.

ÉL   Me voy.

ELLA   No, quédate. Aún podemos estar juntos. Es-
            tuvimos a punto de lograrlo.

ÉL   Déjame.

ELLA   Faltó tan poco… Habría bastado solo un poco
            más y ya estaría cumplido. Quédate, por fa-
            vor. Por favor.

ÉL   Adiós.

ELLA   Si te vas ahora me mataré.

ÉL   No quieras asustarme. Sé que no lo harás.

PADRE   No lo hará.

ELLA   ¿Que no?

PADRE   Ellas nunca lo hacen. No en la vida real.
            Cuando va de veras no se atreven.

            (ELLA *coge una pistola con la que se apunta a
            la cabeza.*)

ELLA   ¿Y esto, no te asusta?

ÉL   Dámela.

PADRE   Déjala. Le gusta hacerse la interesante.

ÉL   No es momento de hacer tonterías.

ELLA   Ven por ella si la quieres.

ÉL   Te estás portando como una niña pequeña.

ELLA   ¿Y no es eso lo que soy?

ÉL   No, no es eso.

ELLA   Entonces, ¿qué soy? Vamos, dímelo.

ÉL   Una mujer.

ELLA   ¿Ah, sí? ¿Y qué clase de mujer soy yo?

ÉL   Ninguna, solo una mujer.

ELLA   ¿Nada más? No, yo soy algo más, ¿verdad? Sí, y tú sabes qué más soy yo.

ÉL   No, no lo sé.

ELLA   Lo sabes; vamos, dilo. ¿No te atreves? Yo te ayudaré. Repite: E-res u-na pu-ta. Vamos, re-pítelo: E-res u-na pu-ta. Repítelo o me mato.

ÉL   Eres una puta.

ELLA   ¿Qué has dicho?

ÉL   Eres una puta.

ELLA   Más alto, que no te oigo.

ÉL   Eres una puta.

ELLA   ¿Qué es eso? Hace un rato lo decías perfecta-
            mente y ahora apenas se te oye. Vamos, grita.

ÉL   Eres una puta.

ELLA   Que grites te digo.

ÉL   Eres una puta.

ELLA   Más.

ÉL   Eres una puta.

ELLA   Eso es. Más, más.

ÉL   Eres una puta.

ELLA   Bien; más.

ÉL   Una puta, una puta…

PADRE   Pero este no es el final. No hay que tener pri-
            sa. Los jóvenes creen que cada momento es
            el último, que todo termina en un instante y
            es preciso apurarlo, aprovecharlo como si no
            hubiese ocasión para más. Esta historia, aun-
            que lo parezca, todavía no ha terminado.

            (ÉL *cae boca abajo mientras* ELLA *sigue insis-
            tiendo; después* ELLA *se calma y solo se oye el
            llanto y la voz de* ÉL. ELLA *deja la pistola; él*

sigue gimoteando, pero de un modo más espaciado.)

ELLA   *(Reposadamente.)* ¿Era así como lo querías? ¿Te parecía mejor? Yo había pensado en otras maneras, pero tengo que reconocer que esta tampoco ha estado mal; quizá con un poco de excesiva vehemencia para mi gusto, pero eso es un detalle menor, un prurito de perfección tal vez demasiado quisquilloso por mi parte, y tampoco merece que le concedamos más importancia de la que tiene, aunque realmente me gustaría conocer tu opinión al respecto. No ahora, claro está, sino luego, otro día, cuando podamos recordar este incidente como algo sin importancia en nuestras vidas. Estoy segura de que ese momento llegará en seguida. Hasta entonces te quedarás aquí, viviendo conmigo, los dos solos; así tendremos tiempo para habituarnos el uno al otro, para conocernos mutuamente y para comprendernos. Tú ya no me llamarás puta y yo nunca te llamaré nada. Podremos tener unas vidas normales, conocer gente, enamorarnos de personas maravillosas y casarnos, aunque tampoco es imprescindible, pero hasta que eso llegue seremos de nuevo hermanos y nos apoyaremos siempre y en todo. Lo primero que hay que hacer es separarte de esas relaciones tan poco aconsejables de las que te rodeas. Desde que estoy sola no he hecho otra cosa que buscarte e intentar saber de ti, y lo que conozco de tu círculo de amistades no me parece conveniente. A partir de ahora, los dos hemos terminado con nuestras vidas anteriores. Podemos irnos a otra ciudad, si quieres; yo tengo el dinero de la herencia, que repartiré contigo, y nos dará para vivir algún tiempo desahogadamente hasta que encontremos una ocupación. Pero tú no te preocupes, que de eso y de todo me encargaré yo.

PADRE   ¡Qué sola estás!

ÉL   ¿Qué pensaba papá de mí?

ELLA   ¿Qué has dicho?

ÉL   ¿Qué pensaba papá de mí?

PADRE   ¡Tú también qué solo!

ELLA   Quizá no he sido muy explícita, pero ha quedado claro que ya no hablaremos de ese tema.

PADRE   No hay derecho a estar tan solos.

ÉL   Pero yo necesito saberlo.

PADRE   No se nace para vivir en soledad.

ELLA   No tienes por qué.

PADRE   Ningún padre da a sus hijos a la soledad.

ÉL   Sí tengo por qué, lo necesito.

PADRE　　　Los padres no sabemos nada de los hijos.

ELLA　　　Está bien, está bien; yo creo que no, pero si tú dices que lo necesitas, por algo será, y lo acepto.

PADRE　　　Y los hijos lo ignoran todo de sus padres.

ÉL　　　Pues dímelo.

ELLA　　　Sí, sí; pero antes debemos acordar que será la última vez que toquemos el asunto.

ÉL　　　De acuerdo, pero entonces me lo tienes que contar todo.

ELLA　　　¿Prometido que nunca más?

ÉL　　　Prometido; empieza ya.

ELLA　　　¿Qué quieres saber?

ÉL　　　Lo que pensaba de mí.

ELLA　　　Pero lo que pensaba ¿cuándo?, ¿de qué?

ÉL　　　Lo que pensaba siempre, de todo.

ELLA　　　Pero…

ÉL　　　Basta ya; sabes muy bien lo que te estoy preguntando.

PADRE   Díselo ya.

ELLA   Le parecía mal.

ÉL   ¿Y qué más?

PADRE   Díselo todo.

ELLA   Nada más. Mal, eso es todo.

ÉL   Pero mal, ¿cómo?

PADRE   No mientas.

ELLA   Pues mal. ¿Qué quieres que te diga? No le gustaba.

ÉL   ¿Se arrepintió de obligarme a marchar de casa?

PADRE   Sí.

ELLA   No, y si lo hizo no me lo dijo nunca.

ÉL   ¿Pero hablabais de mí?

PADRE   Siempre.

ELLA   No, decía que no le gustaba hablar de ti.

ÉL   Luego hablabais de mí.

PADRE   A todas horas.

ELLA   Sí. Decía que no quería hablar, pero hablaba
              para decirlo.

ÉL   ¿Y no se arrepintió?

PADRE   Mucho.

ELLA   Nunca dijo que lo hubiese hecho.

ÉL   Ni que no lo hubiese hecho.

PADRE   La vida está llena de contradicciones y en-
              gaños.

ELLA   ¿Te quieres callar ya? Me estoy confundiendo.

ÉL   Es que lo cuentas muy mal.

PADRE   Dejad de mentiros los dos.

ELLA   Hasta el último día renegó de ti y culpaba de
              ello a mamá.

ÉL   Mamá no tuvo nada que ver en esto.

ELLA   Él decía que ella te había mimado hasta su
              muerte, y que te había convertido en un niño
              afeminado y débil sin remedio.

ÉL   Eso es una tontería.

ELLA   Solo te cuento lo que decía él.

ÉL   ¿Y qué más decía?

ELLA   ¿De mamá?

ÉL   No, de mí.

ELLA   Nada más; solo que en lugar de echarte de casa
            debió castrarte y encerrarte para siempre.

ÉL   Para eso que me hubiese matado.

ELLA   A veces también lo decía.

ÉL   Entonces no dijo nada favorable de mí, ¿no
            es eso?

ELLA   Así es.

ÉL   Bien, no me sorprende ni mucho ni poco.

ELLA   ¿Te apena?

ÉL   ¿Apenarme? No, en absoluto. Incluso me
            hace sentir mejor, porque yo nunca he podi-
            do perdonarlo.

PADRE   El corazón de un joven no está hecho de ren-
            cor, sino de miedo…

ELLA   ¿Quieres algo más?

PADRE   …Pero el rencor no es un huésped extraño.

ÉL   No, ahora no; no se me ocurre nada.

ELLA   Es muy poco lo que me has preguntado. Aní-
            mate, estoy dispuesta a todo.

ÉL   No quiero saber más.

PADRE   ¿Qué se espera que diga un padre?

ELLA   ¿Ni siquiera lo que pensaba de mamá?

PADRE   ¿Dañaos los unos a los otros como yo os he
            dañado?

ÉL   Eso sería lo último, y mucho menos querría
            oírlo de tus labios.

ELLA   Pues quizá podría interesarte.

ÉL   Me da igual.

ELLA   ¿Acaso tampoco quieres acordarte de mamá?

ÉL   De ella nunca he podido olvidarme.

ELLA   Entonces, ¿a qué viene ese no querer hablar
            de ella?

PADRE   Toda historia es una historia de amor, menos
            esta.

ÉL   Tú la traicionaste.

ELLA   Falso; ella ya estaba muerta.

PADRE   Las historias verdaderas tienen héroes y misterios…

ÉL   ¿Qué más da?

PADRE   …hechizos y damas.

ELLA   Claro que da; también era mi madre y yo la quería. Ten en cuenta que yo la conocí más tiempo…

PADRE   Las historias verdaderas tienen mensaje, sirven de ejemplo.

ELLA   …que soy mayor que tú y sé cosas de ella que ignoras porque entonces no podías comprender.

PADRE   Y se supone que con esta historia mi hijo quiere decirnos algo…

ÉL   Ella era tan buena, tan elegante…

PADRE   Pero temo saber qué.

ELLA   Escucha: tengo un vestido de ella, un vestido que traje al cerrar la casa. Lo debo de tener por aquí… Bravo, lo encontré. Verás qué maravilla.

ÉL   A ver.

ELLA   Mira, ¿qué te parece?

PADRE   Amaría a la mujer que llevase ese vestido. Se
            lo quitaría lentamente. La desnudaría con
            suavidad, poco a poco, sin urgencia.

ÉL   Es precioso.

ELLA   ¿Verdad que sí?

PADRE   Pero no se lo he visto puesto a ninguna mujer.

ÉL   Lo recuerdo perfectamente; era mi favorito,
            el que más me gustaba.

ELLA   Y me sienta muy bien. ¿Te apetece que me lo
            ponga?

PADRE   ¿Por qué no?

ÉL   No sé.

PADRE   No soy tu padre.

ÉL   No estoy seguro.

PADRE   No te ha preguntado a ti.

ELLA   Sí, verás qué bien. Cierra los ojos. En casa
            no me atrevía a ponérmelo para que no me
            viese papá; pero a veces, cuando sabía que él
            estaría fuera, me vestía y cantaba alguna de
            aquellas viejas canciones.

PADRE   Yo te habría espiado.

ÉL   ¿Y él no se enteró nunca?

PADRE   Habría contemplado cada rincón de ese cuerpo.

ELLA   No, yo me cuidaba mucho de eso. Tenía miedo del enfado que sin duda le daría.

PADRE   ¡Qué hermoso es tu cuerpo! ¡Qué blancos tus pechos!

ÉL   Quizá te descubrió en secreto y no te lo dijo.

ELLA   Entonces es que era un gran ocultador, porque si así fue yo no me enteré de nada.

PADRE   ¿Quién será el hombre que conozca tus pechos y el sabor de tu vientre? ¿Quién el que borre el recuerdo del padre?

ÉL   ¿Te falta mucho?

ELLA   No, ya casi está. Ayúdame a subir la cremallera. Y bien, ¿qué te parece?

ÉL   ¡Estás espléndida!

PADRE   Espléndida.

ELLA   ¿De verdad?

ÉL   De verdad; radiante.

ELLA   Entonces, ¿te gusta?

ÉL   ¿Que si me gusta? Estaría loco si no fuese
               así.

PADRE   (*A la vez.*) Estaría loco si no fuese así.

ELLA   ¡Qué bueno eres!

               (ELLA *lo abraza y besa sus labios. El beso se
               alarga y se separan mirándose a los ojos; des-
               pués siguen hablando, intentando olvidar lo que
               ha ocurrido, si es que ha ocurrido algo.*)

PADRE   Hay lugares en el mundo donde pasan estas
               cosas. Los hombres y las mujeres se cono-
               cen, se gustan, se besan, hacen el amor, co-
               habitan, descubren sus flancos, incrementan
               su agresividad, atacan al otro, lo dañan, lo
               hieren de muerte, acaban con él.

ÉL   No me había fijado, pero te pareces mucho
               a ella.

ELLA   No puedes acordarte tan bien para poder
               comparar.

ÉL   Por las fotos; aunque tienes razón, porque
               cuando pienso en ella siempre veo una for-
               ma con un rostro que es y no es el suyo.

ELLA   Te haces viejo y la memoria te traiciona.

ÉL   A veces creo que está aquí, y que me habla; pero entonces intento tocarla y ya no está.

PADRE   También yo quise tocar su rostro.

     (ÉL *está sobre la cama. Su hermana se coloca detrás de él.*)

ELLA   ¿Y tú no le hablas cuando ella lo hace?

     (ÉL *comienza a entrar en un ensueño.*)

PADRE   Soñar con ella.

ÉL   Claro que sí.

     (ELLA *lo acaricia, misteriosa y maternal a la vez.*)

PADRE   Sentir sus caricias, misteriosas y maternales.

ELLA   ¿Qué le dices?

PADRE   Hablar con ella.

ÉL   Que la quiero.

PADRE   Oler su piel.

ELLA   ¿Y qué más?

PADRE   Recibir sus besos.

ÉL   Que se está a gusto con ella.

PADRE   Mordisquear sus dedos.

ELLA   ¿Por qué?

ÉL   No sé; me gusta.

ELLA   ¿Qué te gusta?

ÉL   Estar contigo.

            (ELLA *simultanea caricias con besos.*)

PADRE   Sí.

ELLA   ¿Solo eso?

ÉL   Sí.

PADRE   Sí.

ÉL   Solo eso.

ELLA   A mí también me gusta mucho estar contigo.

ÉL   ¿Me vas a contar un cuento?

PADRE   A solas.

ELLA   Yo quisiera que me lo contases tú. Me gusta
            cuando lo haces.

ÉL   ¿Lo hacemos juntos?

PADRE   A solas.

ELLA   Está bien; comienza tú.

ÉL   Había una vez un reino con un castillo muy grande, muy grande.

               (ELLA *pasa la mano dentro del pantalón de su hermano y le acaricia la entrepierna.*)

PADRE   Y en el castillo…

ELLA   Y en el castillo vivía un príncipe pequeño, pequeño, que acababa de nacer.

PADRE   Su madre…

ÉL   Su madre era una reina buena y hermosa, y todos en el reino la querían.

PADRE   Y ella…

ELLA   Y ella quería a su pueblo, pero sobre todas las cosas quería a su niño y lo acunaba entre sus brazos.

               (ÉL *va sintiéndose cada vez más complacido y excitado.*)

PADRE   Y la reina…

ÉL   Y la reina esperaba que su niño se hiciese grande y fuerte, y fuese el príncipe más valiente que se hubiese conocido.

PADRE   Pero ella…

ELLA   Pero ella no quería que el príncipe se casase con una joven y dejase a su madre sola y olvidada.

PADRE   Por eso…

ÉL   Por eso la reina preguntó al rey qué debía hacer para que el príncipe no se enamorase.

PADRE   Pero el rey…

ELLA   Pero el rey no dijo nada, y la reina decidió matar a todas las niñas del reino. (*Las caricias continúan en silencio hasta que* ELLA *habla.*) ¿Estás bien?

            (*Un instante de desconcierto y* ÉL *se levanta y rechaza a su hermana.*)

ÉL   Me das asco.

ELLA   Mientes.

PADRE   ¿Miente?

ELLA   Te estaba gustando.

ÉL   Eres peor que una bestia; eres el mismo de-
            monio.

ELLA   Enfréntate a la verdad; te gustaba.

PADRE   Sí, me gustaba.

ÉL   Eres… eres…

PADRE   Pero ya no me gusta.

ELLA   ¿Qué tiene nadie que no tenga yo? Puedo
            darte todo lo que necesitas.

ÉL   Puerca.

PADRE   Ya no me gusta.

ELLA   Dime qué sueño ansías y yo te lo prometeré.

ÉL   ¿Así lo hacías con papá?

ELLA   Solo al principio.

PADRE   Ya no me gusta.

ELLA   En seguida pude hacer cosas mejores.

PADRE   No.

ÉL   ¿Y no te daba vergüenza la memoria de
            mamá?

ELLA   ¿Qué importa un muerto? Solo cuenta el placer de los vivos, el placer que conocerás gracias a mí.

PADRE   No.

ÉL   Jamás, jamás lograrás que vuelva a estar contigo.

ELLA   ¿Por qué no? Papá me enseñó y a él le gustaba.

PADRE   Ya no me gusta.

ELLA   También le enseñó a mamá. Sé todo lo que ella sabía. ¿No quieres venir conmigo? Sería como acostarte con ella.

ÉL   Él era un cabrón y tú su ramera. Cuando os descubrí juntos me juré que nunca estaría con una mujer.

ELLA   Vamos, ven con mamá.

ÉL   Te odio.

(ÉL *la golpea y la arroja sobre la cama. Se quita el jersey y fornica con* ELLA *con dureza y crueldad.*)

ELLA   No, así no. Para. Me haces daño.

ÉL   Esto querías y esto tendrás.

ELLA   Basta. Me duele de veras.

PADRE   Traemos a los hijos al mundo y creemos que
           con eso ya hemos hecho lo más importante,
           pero lo más difícil es lo que está por llegar.
           Les damos la vida, los inducimos a un sue-
           ño, pero no les mostramos el camino para al-
           canzarlo. No les decimos que no hay camino
           para alcanzar los sueños. (*Se oye el sonido de
           un disparo.*) Una joven que podría ser hija
           mía, pero que no lo es, acaba de morir. Un
           joven que podría ser mi hijo, pero que no lo
           es, si no ha muerto ya, está a punto de ha-
           cerlo. Su historia termina aquí, y este es el
           instante en que debo callarme y ceder este
           lugar a mi esposa. Ella sabe cosas que yo no
           sé, historias de mi hijo que jamás me han
           contado y que no sé si quiero, pero sí que
           debo conocer.

Escena III
Historia de la madre.

(*Una cama. La* MADRE *sentada en primer término. Al fondo, figuras entrevistas.*)

MADRE Un problema de amor; en definitiva es eso. Se le puede llamar de muchas formas, y estoy segura de que ninguna de ellas es exactamente lo mismo que las otras, pero el origen es un problema de amor. Cuando un hijo se decide a marcharse de casa y no se atreve a decir por qué, y en lugar de eso empieza a inventarse historias para contar cualquier cosa menos lo que le pasa, es que hay de por medio un problema de amor... Nunca quise que mi hijo me quisiese demasiado, ni que no me quisiese. Ni que siguiese demasiado fielmente el modelo de su padre, ni que no lo siguiese. No quise castrarlo emocionalmente ni dejarle libertad absoluta. No quise que un día me tuviese que reprochar nada por haberlo reprimido, ni que me achacase el haberlo tenido descuidado. Pero ahora las cosas han cambiado y de repente descubro que se ha hecho mayor y que no está contento con la vida, y temo que confiese que tampoco está satisfecho conmigo... Creí que este momento nunca llegaría, pero temo que mi hijo está en la edad en que se necesita encontrar culpables para todo, y nada es tan fácil como pensar que la culpa es de los padres. Si supiese cuánto sufrimos su padre y yo por él; cuántas veces hemos imaginado su futuro y temido los peligros que le habrían de llegar. Pero él nunca piensa en estas cosas, porque cree saberlo todo de la vida, del mundo, como si todo fuese siempre la misma historia, cuando no lo es. Lo ignora, pero aún es pequeño, joven, inmaduro, pese a lo cual pretende ser el más sensible, el más ecuánime y a la vez el más dolido de todos… Pero se equivoca, y yo lo siento por él, de verdad, porque noto que su error le hace sufrir, y eso es algo que una madre no puede soportar. Y no es que yo me entere ahora, no, qué va, porque yo lo sé desde hace mucho tiempo, cuando él era chiquito, adorable, con el pelo rizado y gafitas, que parecía a medio camino entre angelito y pequeño intelectual. Lo veía ya entonces rodeado de libros y a la vez pegado a mí, y yo me decía: «Este chico… no; este chico, no»… Y así fue, pero ya se veía venir. Y yo se lo decía a mi marido: «Este chico, que parece distinto, al final va a ser como todos». Pero él, como siempre, sin hacerme caso, y yo se lo repetía y como si le diese igual. Así pasa, que ya puedo yo hablar y hablar, que ninguno de los dos me va a escuchar. ¿Será que son iguales, que los hombres son iguales entre ellos, calcados los unos a los otros? ¿Será que todos los hombres se creen mejores que nosotras, las mujeres, como si tal cosa fuese posible? Pero no lo es, y nunca lo ha sido.

Escena IV
La victoria del traidor.

MADRE   En fin, quizá se entienda con la segunda de
           las historias que ha creado mi hijo para con-
           tar su propia historia. Como todas, también
           esta transcurre en un dormitorio, pero de una
           época anterior. No sé cuándo, pero no hoy.
           Imaginadlo oscuro. Imaginad que un mucha-
           cho entra con una vela y abre la ventana. Ima-
           ginad que amanece. Ese muchacho de la edad
           de mi hijo, y que podría ser mi hijo, y que
           quizá lo sea, es un joven muy guapo, como
           todos aquellos que están en edad de recibir
           aún los elogios de sus madres y de empezar
           a calar en los ojos de otras hembras.

MUCHACHO   ¿Estáis dormido, maestro?

MAESTRO   No.

MADRE   Ese hombre que contesta desde el lecho po-
           dría ser el hombre que un día llenó mis pro-
           pios ojos; el hombre que comparte mis horas,
           el que duerme conmigo en un cuarto que no
           se parece en nada a este y que sin embargo
           podría ser este mismo cuarto. Pero ese hom-
           bre no es mi marido, ni ese muchacho tiene
           su sangre, ni entre ellos se tratan como lo ha-
           rían un padre y un hijo, como lo hacen mi

marido y nuestro hijo, como lo hacían cuando tenían algo que decirse, algo de qué hablar.

MUCHACHO   Hace poco que terminó la noche.

MADRE   Los que no tienen de qué hablar, hablan del tiempo.

MUCHACHO   Los criados han estado despiertos reunidos en las cocinas.

MADRE   Pero esta historia no habla del tiempo.

MUCHACHO   Les dije que fuesen a acostarse, pero han preferido quedarse allí, apenas sin hablar ni hacer ruido para no molestaros.

MADRE   Esta es una historia de gente sin tiempo.

MUCHACHO   Alguno ha llorado, y por una vez vuestro ayudante no lo ha prohibido. Aún estaban allí cuando he venido, aunque los más jóvenes se han dormido sobre los bancos. ¿Habéis dormido vos, maestro?

MAESTRO   No.

MADRE   De gente que ya no puede dormir.

MUCHACHO   Eso pensé. No sé por qué, pero me parecía extraño que hubieseis dormido hoy. Creo que si estuviese yo en estas circunstancias me habría quedado pensando, o quizá sin pensar, pero despierto y mirando siquiera por la ventana. ¿Habéis pensado vos, maestro?

MAESTRO   Sí.

MADRE   De gente que piensa demasiado.

MUCHACHO   Lo lamento; no se debe pensar en noches como esta, porque nada puede crear nuestro cerebro que no sea angustia y dolor para el espíritu. No veo por qué hay que acrecentar el penar más de lo necesario. Espero de todos modos que vuestros pensamientos no hayan sido lo tormentosos que debieran y, bien al contrario, hayáis podido encontrar argumentos de armonía y placer. ¿En qué habéis pensado, maestro?

MAESTRO   En nada.

MADRE   No pensar nada.

MAESTRO   En muchas cosas.

MUCHACHO   ¿Y puedo preguntaros, maestro, qué muchas cosas han ocupado vuestros pensamientos de esta noche?

MADRE   ¿Será verdad que los hombres solo piensan en las mujeres?

MAESTRO   No tiene importancia.

MADRE   ¿O los hombres, precisamente, jamás piensan en las mujeres?

MAESTRO   Ya nada tiene importancia.

MADRE   ¿Pensarán los hombres en los propios hombres?

MUCHACHO Pero todo lo vuestro tiene importancia, maestro.

MADRE   ¿Pensarán siquiera en ellos mismos?

MUCHACHO Vuestras palabras son las más juiciosas que cabe conocer…

MADRE   ¿Nadie piensa en su madre?

MUCHACHO …y nada que podáis decir será banal para mí. Decidme, por favor, qué habéis pensado.

MAESTRO   He estado escribiendo, solo eso.

MADRE   ¿Pensamientos? ¿Un diario? ¿Reflexiones? ¿Cartas de amor?

MAESTRO   Sobre la mesa encontrarás cartas a mis amigos. Quiero que te ocupes de que sean recibidas.

MUCHACHO Así lo haré, pero ¿qué más habéis hecho?

MADRE   Yo no sé cómo se llaman este hombre y este muchacho…

MAESTRO   ¿Para qué quieres saberlo?

MADRE   …Pero no me importa.

MUCHACHO   Ya sabéis cuánto me importa todo lo vuestro.

MADRE   No necesito sus nombres para saber quiénes son…

MUCHACHO   Sabéis que nada hay más caro a mí.

MADRE   …Cómo son…

MUCHACHO   ¿Cómo os puede extrañar, entonces, que me preocupe por lo que esta noche hayáis podido hacer?

MADRE   …Y lo que son.

MAESTRO   Cierto, cierto es que me quieres, y asimismo te quiero yo a ti. Mira, también he escrito una carta para ti.

MUCHACHO   Dejadme que la lea.

MAESTRO   No; no hasta que los soldados hayan venido a llevarme.

MUCHACHO   ¿Y entonces podré leerla?

MAESTRO   Así es.

MUCHACHO   Decidme, al menos, qué contiene.

MAESTRO   Si te lo digo ahora es como si la leyeses, y no cumpliría su función. No quieras apresurar lo que ya tiene un ritmo ordenado.

MUCHACHO   Está bien, pero tengo curiosidad, aunque dominaré mi impulso si es eso lo que me pedís. De todos modos, los soldados ya no deben tardar en venir.

MAESTRO   ¡Oh!, ¿cómo puedes ser tan poco delicado?

MUCHACHO   Perdonadme, maestro; no me riñáis. No os enfadéis conmigo.

MADRE   ¿A qué manos confiamos la custodia de los hijos?

MAESTRO   Está bien, está bien. No has hecho más que seguir los instintos de tu edad. Además, lo que has dicho es cierto; se acerca la hora en que han de venir, y no es bueno que haya enemistad en nuestro último encuentro.

MADRE   Hay hombres nacidos para el mal, hombres que del mal han hecho su naturaleza. Pero hasta esos mismos hombres han nacido de alguien, de una madre como yo.

MUCHACHO   No os quedéis, señor; aún hay tiempo. Huid antes de que vengan los hombres del emperador.

MADRE   Hombres que persiguen y que son perseguidos. Hombres que antes fueron hijos.

MAESTRO   ¿Y qué se arreglaría con eso?

MADRE   Hijos que querrán ser hombres. Hijos que se irán para hacerse distintos.

MAESTRO   No, es mejor así. No hay que tratar de engañar a las últimas horas.

MUCHACHO   Pero ¿por qué? ¿Por qué tiene que ser todo así?

MADRE   Hijos que buscarán modelos ajenos.

MUCHACHO   Dejadme siquiera ir con vos.

MADRE   Hijos que se irán para seguir a otros hombres.

MAESTRO   No, no debes hablar de este modo. Alguien debe quedar para continuar la labor, y nadie hay mejor preparado que tú.

MUCHACHO   Pero yo quiero estar con vos siempre, a vuestro lado, aunque ese siempre solo dure unas pocas horas más.

MAESTRO   Y con eso, ¿qué lograrás?; ¿morir conmigo, acaso? Y una vez muerto, ¿qué?; ¿habrás alcanzado así una mayor sabiduría? No seas tan dependiente de un hombre; ninguno lo merece. Depende tan solo de ti.

MUCHACHO   Quien debiera estar muerto es el emperador.

MAESTRO   Eso es lo que intentábamos. No hacíamos sino cumplir nuestro papel adjudicado, y el emperador cumple el suyo al descubrirnos y eliminarnos. Si hubiese perdido él, habría estado bien; bien está que perdamos nosotros. Lo único importante es que una de las partes pierda; quién resulte vencedor es algo fútil.

MADRE   ¡Qué joven tan guapo!

MUCHACHO   Pero pudisteis haber logrado la victoria.

MADRE   ¡Qué galán tan hermoso!

MUCHACHO   Estabais muy cerca de conseguirla.

MADRE   ¡Qué semblante tan digno!

MAESTRO   Nunca se está cerca o lejos de la victoria.

MADRE   ¡Qué facciones tan nobles!

MAESTRO   Solo tiene sentido considerada en absoluto. Nuestra victoria habría sido la muerte del emperador. Al descubrirnos, la victoria es suya.

MUCHACHO   No, el emperador no ha jugado limpio. No habría sabido nada sin la presencia de un traidor.

MADRE   A un hijo así se le habla de amor.

MAESTRO   El traidor es parte del emperador. Todo lo que lo rodea forma parte suya; él es el sistema.

MADRE   A un muchacho como este solo se le habla de amor.

MUCHACHO   ¿Quién ha sido? Decídmelo si lo sabéis.

MAESTRO   Lo ignoro, y tampoco es un asunto que deba preocuparnos a ninguno de los dos.

MUCHACHO   Eso no va conmigo. Decidme quién es y yo acabaré con él.

MADRE   Traiciones, emperadores, soldados, conspiraciones, engaños… ¿De qué sirve tanto horror, tanto espanto?

MAESTRO   Ya te digo que no sé quién puede haber sido, y su muerte no soluciona nada.

MADRE   A un muchacho tan bello como este debiera enseñársele a hablar de amor.

MUCHACHO   ¿Y no quisierais saber quién es?

MAESTRO   No, él es solo un instrumento. No importa por sí mismo.

MADRE   El afecto de los hombres dura tanto como sólido es el aire de las palabras que lo expresan...

MUCHACHO   No estoy de acuerdo; quizá el traidor era utilizado por el emperador, pero quizá buscaba un fin propio en el hecho de su traición.

MAESTRO   ¿Y qué si así fuese?

MADRE   ...Pero hasta ese afecto tan liviano nos basta a las mujeres que somos madres...

MUCHACHO   Que el traidor quizá no traicionaba la conspiración, sino a los conspiradores.

MADRE   ...A las madres que además somos mujeres.

MAESTRO   ¿Y entonces?

MUCHACHO   Entonces estaría movido por una instigación personal, una segunda conspiración contra los conspiradores; y así, el emperador sería el instrumento del traidor, y no, como apuntabais antes, al revés.

MAESTRO   También he pensado en lo que dices, pero no lo creo posible.

MUCHACHO   ¿Por qué no?

MAESTRO   Porque, por lo que he podido saber, al emperador le ha llegado una copia transcrita de nuestros documentos, y esos solo los guardo yo. Ninguno de mis compañeros escondía nada que nos pudiese comprometer, así que no ha sido ningún enemigo suyo quien nos ha traicionado.

MADRE   No es eso lo que quieres decirle.

MUCHACHO   No veo cuál es la relación.

MADRE   No es eso lo que quieres preguntarle.

MAESTRO   Lo que yo guardaba no estaba al alcance de ajenos a esta casa; en ningún momento un extraño habría podido acceder a ellos. Así sé que el traidor ha salido de entre mis allegados, y ninguno de ellos, ni mis sirvientes, tiene nada contra mí. Por tanto, el motivo de la traición tiene que haber sido algo tan simple como el dinero o quizá una amenaza del emperador, y eso no tiene ninguna importancia para mí.

MADRE   Nada de esto es verdad.

MUCHACHO   Sois demasiado inteligente, maestro, para conformaros con un juicio tan simple. No podéis estar tan seguro de que no tenéis enemigos en vuestro hogar.

MADRE   Nada de esto es la verdad.

PEDRO VÍLLORA

MAESTRO   Es posible que tengas razón, pero ahora me
           es indiferente y no merece la pena preocu-
           parnos por tan poca cosa cuando está cerca-
           no el momento en que los soldados deben
           venir.

MUCHACHO   Pero esa traición quizá no está satisfecha. Tal
           vez ese ser abyecto y abominable que escon-
           de su maldad busca que vos intentéis desen-
           mascararlo. Puede que incluso desee vues-
           tra violencia.

MADRE   Ojalá las mujeres fuésemos tan fuertes.

MAESTRO   Nadie es tan fuerte ni tan astuto como para
           obligarme a ello. Lo único que quiero ahora
           es que lleguen por fin y podamos terminar
           con todo.

MADRE   Ojalá las madres conociésemos las respuestas.

MUCHACHO   Pero quizá el traidor espera una respuesta,
           una derrota vuestra ante él.

MAESTRO   ¿Y quién soy yo para que un gesto mío pue-
           da interesar a nadie?

MADRE   Ojalá le importásemos a alguien.

MUCHACHO   Quizá sois importante para él.

MAESTRO   Si lo fuese, no me habría vendido.

MUCHACHO	Pero quizá os ha vendido precisamente por eso: para eliminar a quien le importa más que a sí mismo.
MAESTRO	¿Y quedar él como un ser autosuficiente?
MUCHACHO /MADRE	Eso es.
MAESTRO	¿Sin nadie de quien depender?
MUCHACHO	Precisamente.
MAESTRO /MADRE	¿Y qué más?
MUCHACHO	Acceder a la cumbre.
MAESTRO /MADRE	¿Qué cumbre?
MUCHACHO	Del prestigio social, del reconocimiento.
MAESTRO	¿Y cómo lo lograría?
MUCHACHO	Porque habrá eliminado al mayor de los grandes, al que es su obstáculo en la entrada al gran mundo.
MADRE	No.
MAESTRO	¿Y para qué quieres eso?

MUCHACHO   Por el poder, para triunfar.

MADRE   No.

MAESTRO   ¿Y yo te lo impido?

MADRE   No.

MUCHACHO   Sí, porque siempre estoy detrás, el alumno, el protegido, y nadie me ve sino a través vuestro.

MAESTRO   ¿Y así ganarás algo?

MADRE   No.

MUCHACHO   Ganaré la gloria.

(*El* MAESTRO *se abalanza sobre el* MUCHACHO *y forcejean, pero el* MUCHACHO *utiliza su juventud y el* MAESTRO *queda en el suelo, tendido. Se levanta y se sienta en la cama abatido mientras el* MUCHACHO *permanece a un lado.*)

MADRE   Está amaneciendo. Esta es la hora en que los soldados han de venir. Aún es pronto para que el sol comience a calentar y todavía hace frío. Últimamente no entro en calor con facilidad. Hace demasiado tiempo que solo siento hambre y frío. Sin embargo, no me apetece comer, y tampoco la ropa me da más calor. Es todo muy raro.

MAESTRO   ¿Era esta pantomima violenta y ajena a mi sentir lo que querías?

MUCHACHO   No exactamente, pero no ha estado mal.

MADRE   Este sitio es muy raro.

MAESTRO   ¿Y qué harás a partir de ahora?

MADRE   Este suelo… Estas paredes…

MUCHACHO   Es sencillo.

MADRE   …Y la gente.

MUCHACHO   El emperador me recompensará y será mi protector por la utilidad que le he procurado. Así entraré al servicio de la corte con carácter de consejero y no tardaré en hacerme un nombre que sea temido en todos los círculos.

MADRE   Estas son las cosas que quiere la gente…

MAESTRO   Es una hermosa recompensa para quien sepa gozarla.

MADRE   …Ser otro… Ser como otro…

MUCHACHO   Y yo sabré.

MADRE   …Ser diferente.

MUCHACHO   Seré como vos pero más fuerte, porque seré consciente y haré valer mi poder.

MAESTRO   Espero que lo logres.

MUCHACHO   Os lo agradezco, maestro; y, por favor, no me guardéis rencor.

MAESTRO   No, ya sabes que siempre he querido lo mejor para ti; si lo mejor es esto, es bueno que lo tengas.

MUCHACHO   No sabéis cuánto bien me hacéis con vuestras palabras. También os he querido siempre a vos, aunque el amor no es suficiente. Os ruego que, si algo puedo hacer por vos en el poco tiempo que os queda, me lo digáis.

MAESTRO   Una cosa hay que sí deseo...

MADRE   Aunque el amor no es suficiente.

MAESTRO   ...Antes hablaste de violencia y la tuviste. Ahora has hablado de amor y te lo pido yo; para expresarte mejor el alcance de mi perdón me gustaría, si también lo quieres tú, un último instante de tu placer.

            (*El* MUCHACHO *besa al* MAESTRO *y se acarician.*)

MADRE   No recuerdo quién me besó por primera vez... ni a quién besé... ni siquiera dónde sucedió.

MAESTRO   Siempre te he querido…

MUCHACHO   Y yo.

MADRE   Ojalá todos los besos fuesen besos de amor.

MAESTRO   …y por ti yo he hecho todo.

MUCHACHO   Lo sé.

MAESTRO   Aprende…

MADRE   Pero no lo son.

MAESTRO   …que el amor…

MUCHACHO   ¿Qué?

MAESTRO   …no justifica la ventaja al enemigo.

             (*El* MAESTRO *coge un cuchillo y corta los geni-*
             tales del MUCHACHO; *mientras, fuera de la ha-*
             bitación se oye ruido de gentes y tambores. El
             MAESTRO *se arregla las ropas, acude al escri-*
             torio y rompe una carta. Se marcha.)

MADRE   El sexo de los hijos sale del vientre de las
             madres, pero nunca regresa a él. Se queda
             en otras manos, que lo disfrutan y le hacen
             disfrutar. Esta historia termina aquí, con un
             sexo desgarrado, con un intento de emular
             y sustituir que acaba frustrado. La he conta-
             do yo porque mi hijo lo ha dispuesto así, pero

sé que no es una historia para mí. Siento que es una historia de hombres, de varones padres y de varones hijos, pero las mujeres, las madres, no somos así; no traicionamos en pos de una victoria... creo. Pero es muy tarde ya, y tal vez sea ocasión de que hablen los hombres, de que lo haga el padre de mi hijo, mi marido. Yo no tengo nada más que decir. Que sea él quien dé su propia explicación.

Escena V
Historia del padre.

(*Una cama. El* PADRE *sentado en primer término. Al fondo, figuras entrevistas.*)

PADRE Nada queda que contar; nada que no se sepa, e incluso lo ya conocido no valía la pena de ser contado. No es que a veces el silencio sea lo mejor; es que siempre es lo mejor. Las cosas son como son, y no son de otra forma. Por mucho que se hable sobre ellas no se logrará cambiarlas. Es la realidad, y bien que lo siento. Sí, lo siento, aunque sé que ellos no me creen cuando digo que lo lamento. Piensan que estoy bien como estoy, pero no es así… Los hijos niegan a sus padres el derecho a ser hombres sensibles. Los ven como a enemigos que pretenden su mal. Nunca somos sus cómplices; en todo caso sus captores, sus carceleros. No piensan que no hay padre que no haya sido antes hijo, que la vida es una cadena de hijos que se van sucediendo unos a otros llenos todos de la misma curiosidad, de las mismas ganas de vivir y de saber. Las ansias de mi hijo antes fueron mis ansias, su malestar antes fue mi malestar, y cuando habla de él me duele tanto como a él pueda dolerle… Quiere que escuche sus quejas, y eso me parece bien, pero él se niega a escuchar las mías, y ni siquiera intuye que yo pueda demostrar alguna fragilidad. Cree que me apetece mostrarme continuamente fuerte y poderoso, inflexible, y no sé cómo decirle que se equivoca sin que parezca que le estoy mintiendo o que me burlo de él. Ahora quiere marcharse de casa, y no se da cuenta de que hubo un tiempo en que esta casa, que es la suya, no existía, y que también yo vivía en otra casa de la que un día me marché. En un futuro lo entenderá por sí mismo, pero mucho me temo que para entonces sea demasiado tarde, como acaso lo haya sido para mí... Los padres y las madres somos diferentes para los hijos, no nos ven iguales. A ellas las quieren más, las miman, hablan con ellas, les dan besos en las mejillas a cualquier edad. A nosotros llega un día en que pasan de besarnos a darnos un abrazo, y luego nos tienden la mano y poco más. Pero es ahora, justo ahora, cuando yo necesito que se una a mí, que me susurre al oído cosas bonitas, cosas tontas que son importantes, que me hacen llorar y pensar que no todo está perdido. Pero esas palabras nunca las escucharé de sus labios, ni sus hijos se las dirán a él como a mi vez no se las dije a mi padre que, ahora lo sé, habría dado su vida por ellas. Y en lugar de esas palabras verdaderas me dice otras, me cuenta historias que no significan nada nuevo para mí, porque también hubo un día en que yo mismo inventé historias parecidas, si es que no iguales… Pero esta es la historia de mi hijo, no la mía, y nada tengo que ver en ella. Lo que pude hacer, lo hice en su momento; y si no lo hice, ya nada podrá remediarlo. Ahora él se va y comienza una situación nueva para mí y para mi esposa. Una vida en la que aún no hemos pensado, porque siempre nos negamos a hablar de que este punto de la historia habría de llegar. No sé qué piensa ella, si cree que este es el final para los dos. No sé si lo es para mí, no sé si dejarme llevar; me asusta tomar una decisión y descubrir que estoy equivocado y que el camino era otro. Ojalá lo tuviese todo tan claro como antes, cuando era verdad que estaba equivocado pero no me importaba. Ahora quizá tenga razón, pero es mucho peor, porque ahora sé que todo tiene su importancia y que esta historia, a su modo, también es importante; para él, desde luego; es probable que también para mi esposa; y, sin duda, para mí lo es: la suya es mi misma historia, la que yo habría querido contar y acaso conté.

Escena VI
Delirio —en un bellísimo crepúsculo—.

Hijo   Permitidme que sea yo mismo quien haga uso ahora de una historia más. Una historia donde dé nombre a mis personajes, y que será una nueva ocasión para explicar por qué debería marcharme, por qué me voy. Es la historia de una mujer llamada Lina y de un hombre llamado Miguel. Podrían ser mis padres, aquellos de cuyo lado me estoy yendo, si es que no me he ido ya, pero también podrían no serlo. Hay quien dice que poder nombrar a los personajes de las historias los hace más cercanos. Lo cierto es que yo nunca he llamado por sus nombres a mi padre y a mi madre; para mí son simplemente papá y mamá, pero si a veces no me siento tan próximo a ellos estoy seguro de que no es por eso. Sin embargo, ahora, en esta noche y en este dormitorio donde transcurre esta historia, deseo estar muy cerca de Lina y Miguel.

Lina   Carlos no ha vuelto aún. Salió por la mañana y dijo que volvería por la noche, pero ya es muy tarde y no ha vuelto aún…

Hijo   Carlos no soy yo…

Lina   No ha vuelto aún…

HIJO   …Aunque ese aspecto de la historia lo tengo confuso.

LINA   Me dijo que llamaría para decir si se iba a retrasar, y que no lo esperase levantada. Yo le dije que no me acostaría hasta que él viniese. Volvimos a discutir; es siempre lo mismo, pero yo no puedo dormir si no lo he visto antes, si no sé que él ya está tumbado en la cama de su habitación. Pero esta noche es ya muy tarde y él no está aquí; y dijo que llamaría y no ha llamado aún; y su madre lo espera sin dormir mirando por la ventana en busca de su silueta rompiendo la sombra para acercarse.

HIJO   Si pudiera, acariciaría a esa mujer. Apoyaría mi cabeza en su regazo. Me tumbaría en la cama para que no esperase levantada.

              (MIGUEL *se acerca a* LINA *por la espalda, se para y le pasa una mano por la cabeza como para acariciarla pero sin llegar a tocarla; por fin la apoya en un hombro.*)

MIGUEL   ¿Por qué insistes? Sabes que Carlos ya no volverá.

LINA   Carlos dijo que el equipo de hoy no era muy bueno. Quizá han ganado y están todavía festejando la victoria. Espero que haya marcado algún gol; se pone tan contento que me alegro yo también cuando lo cuenta.

MIGUEL   No puede volver.

LINA   Si viene alegre tendrá ganas de hablar, y no quisiera que tuviera ante sí a una vieja desaliñada por la espera.

HIJO   Si yo fuese ese hombre, amaría a esa mujer…

              (LINA *se mira en un espejo tocándose lentamente la cara con la mano; se suelta el pelo y coge un cepillo.*)

MIGUEL   ¿Puedo?

HIJO   …como él la ama.

              (MIGUEL *se coloca detrás de* LINA *y coge el cepillo que sirve un instante de unión entre las manos.* LINA *posa las suyas en el regazo mientras* MIGUEL *le arregla el pelo.*)

MIGUEL   Tu pelo sigue siendo el más bonito que conozco; el más brillante.

LINA   Carlos disfruta mucho con el fútbol. Quizá pueda jugar algún día en un equipo de categoría.

MIGUEL   ¿Te acuerdas cuando éramos jóvenes? Los amigos me decían: «¿Qué ves en esa chica? Si le quitas el pelo se queda en nada». Y me molestaba que solo se fijasen en tu aspecto y no en que no había otra tan dulce como tú, ni tan amable.

LINA   Pero cuando era pequeño no le gustaba nada
         salir a jugar a la calle, y prefería quedarse aquí
         en casa conmigo. Yo le preguntaba por qué,
         y él decía: «Es que contigo no me canso».

MIGUEL   Me gustabas desde antes de hablar contigo y,
         sin embargo, me costó mucho acercarme a ti
         e invitarte a bailar, aquel día, en la fiesta.

LINA   Luego cambió, claro que ya era más grande,
         y empezó a ir con los amigos y a tomarse el
         deporte en serio, y todas esas cosas que ha-
         cen los jóvenes.

MIGUEL   Te pregunté, aunque ya lo sabía, tu nombre:
         «Lina. ¿Y tú?». «Miguel». «Tú eres el primo
         de Isabel, ¿verdad?». «Sí, y tú eres amiga de
         Carmen; te he visto con ella». Y ya no supe
         qué decir. «Bailas muy bien, ¿sabes?», te dije.
         «Gracias. Tú también».

LINA   Y siempre ha venido después a contarme lo
         que había hecho durante el día. Me sentaba
         en un sillón, o incluso aquí, en la cama, y él
         se quedaba en el suelo apoyando su cabeza
         en mis rodillas y hablando. Todavía lo hace,
         ya tan mayor.

MIGUEL   Acuérdate de cómo quise cortejarte desde en-
         tonces, y tú sin hacerme caso, fingiendo tal
         vez. Y yo sufriendo por el amor que no me
         dabas.

LINA   Aunque nunca ha parecido interesarse por las chicas. Me pregunto…, me pregunto si no me habrá querido demasiado.

            (LINA *se levanta con las últimas palabras y se vuelve hacia* MIGUEL *mirando a través de él. Cambia de sitio y busca afanosamente algo.*)

MIGUEL   Hasta que un día ya por fin te conseguí.

HIJO   Si a mi edad el corazón es duro, lo será para siempre.

            (MIGUEL *deja el cepillo, va a la cama y toma un viejo sonajero; se acerca a* LINA *y se lo da. Ella lo agarra arrebatada, lo estrecha entre sus brazos y se balancea en cuclillas tarareando una nana.* MIGUEL *la mira de pie, después se agacha tras ella y la coge de los hombros.*)

MIGUEL   Yo siempre te he querido.

HIJO   Si aún no lo es, ya no lo será nunca.

LINA   Carlos tiene sueño pero no quiere dormir, y lucha por que no se le cierren los ojitos.

HIJO   Pero nadie me ha dicho cómo es mi corazón…

MIGUEL   Tú también me has querido; entonces me quisiste.

HIJO   …Ni sé qué hacer para saberlo…

LINA   No seas malo.

HIJO   …Ni cómo averiguarlo.

LINA   No puedes pasarte todo el día despierto. En algún momento tendrás que dormir.

MIGUEL   Confía en mí. Soy tu mejor esperanza.

LINA   Parece que ya está dormido. ¡Qué guapo está! Pero ahora soy yo quien prefiere verlo despierto.

HIJO   Si fuese Carlos, alguien me abrazaría en este preciso instante.

LINA   Se han ido esta mañana en el viejo autobús de siempre. Los he visto pasar desde la puerta de casa, y Carlos y sus compañeros me han saludado agitando las manos.

HIJO   Si fuese Carlos, yo también saludaría.

MIGUEL   Hace mucho tiempo que estás así, haciéndome daño e impidiendo que te ayude. ¿Por qué?; ¿por qué te alejas de mí?

HIJO   Pero si fuese Carlos, acaso yo tampoco regresaría.

LINA   Carlos no ha vuelto aún y yo lo espero levantada y sin dormir. Si tarda mucho me dormiré de pie, y quizá para siempre.

MIGUEL   Tú llevas dormida mucho tiempo, y eres tú misma quien no quiere despertar.

LINA   Me llamo Lina y tengo un hijo que se llama Carlos. Yo soy la madre de Carlos. El padre de Carlos se llama Lina y soy yo.

MIGUEL   (*Solloza.*) ¿Por qué te resistes a salir de tu sueño? ¿Por qué te niegas a volver a ser la de antes?… Pégame si quieres; hiéreme y olvídame después, pero no sigas con esto.

LINA   Carlos vendrá tarde y querrá estar conmigo; debo ponerme guapa para él. A Carlos le gusta mi pelo; dice que ninguna de las chicas que conoce tiene el pelo como yo.

         (LINA *se peina con el sonajero.* MIGUEL *se lo arranca y lo arroja contra la pared.*)

MIGUEL   Basta ya; no puedo aguantar más noches como esta… ¿Qué quieres? ¿Quieres morir? ¿Quieres acabar contigo, conmigo, con todo?

LINA   Ya es de noche. Carlos siempre viene cuando el crepúsculo ha caído.

MIGUEL   Acaba con esto, Lina, por favor. Dejemos de sufrir tanto.

LINA   Carlos dice que me ama y que quiere casarse conmigo.

MIGUEL	Yo soy quien te ama. Yo soy quien está casado contigo.
LINA	Yo también quiero a Carlos. Es el único al que puedo amar.
MIGUEL	Lina, basta. No pido que me ames ni que quieras estar conmigo; solo que se acaben estas noches delirantes, que vuelvas a ser la Lina que yo quiero, la que siempre has sido. Solo te pido que me vuelvas a escuchar.
LINA	Carlos vuelve pronto.
MIGUEL	Sabes que Carlos no volverá. Admite que Carlos no existe.

(LINA *se levanta rápidamente. Se oyen botes de pelota.* LINA *camina al centro del escenario y una pelota llega botando hasta ella.* LINA *la recibe entre las manos, la mira, se espanta y la arroja por el lado opuesto a aquel del que salió. Pausa.* LINA *se vuelve para hablar con* MIGUEL, *que sigue en la cama. Están los dos muy animados.*)

LINA	No me has dicho qué tal el partido.
MIGUEL	Genial, ganamos cuatro a cero.
LINA	¡Tanto!
MIGUEL	Y aún pudimos haber metido más. La goleada habría sido de escándalo.

LINA   Serían muy malos.

MIGUEL   ¡Ya está la lista haciéndonos de menos, hombre!

LINA   Es broma, tonto; ya sabes que para mí sois el mejor equipo del mundo.

MIGUEL   Es una pena que no hayas podido venir. Te habrías divertido mucho.

LINA   Ya que no he ido, al menos tú estás aquí para contarlo, mi pequeño Carlos.

MIGUEL   Pero no es lo mismo.

LINA   ¿Y eso qué más da? A lo mejor lo que yo prefiero es oírte a ti.

MIGUEL   ¿No preferirías ver a tu hijo en acción? Creo que soy mejor futbolista que cronista deportivo.

LINA   Lo ideal sería verte primero en el campo y luego aquí en mi cama conmigo.

MIGUEL   Qué genial eres.

LINA   Por cierto que me has hablado del equipo pero aún no me has dicho nada de qué tal has estado tú, mi querido niño.

MIGUEL   Bueno…

LINA   Bueno, ¿qué?

MIGUEL   Nada, que no es que yo haya hecho mucho para ganar el partido.

LINA   ¿Ah, no? ¿Y eso?

MIGUEL   Es que el entrenador ha tenido que cambiarme a poco de empezar, cuando solo llevaban diez minutos del primer tiempo.

LINA   No puedo creer que estuvieses jugando tan mal.

MIGUEL   No seas mal pensada; ¿cómo va a ser por eso?

LINA   Si no, tú dirás.

MIGUEL   Es que un defensa me entró fuerte y me dejó cojeando.

LINA   ¿Qué? Mi niño, ¿en qué pierna ha sido?

MIGUEL   Aquí, en esta.

            (*Se señala una pierna.* LINA *lo sienta en la cama, se arrodilla ante él, le sube la pernera del pijama y lo acaricia.*)

LINA   ¿Te ha hecho mucho daño?

MIGUEL   No, ¿no ves que no lo he mencionado hasta ahora? Entonces sí me dolió, pero después de un par de horas ya no notaba casi nada.

LINA   ¿Seguro que no es grave? Mira que quizá tienes una hemorragia interna o algo así.

MIGUEL   ¡Qué va, qué va! Si me estuvieron mirando primero el masajista y luego el médico, y me han dicho que ha sido solo una luxación pasajera.

LINA   Mi pobre niño; yo aquí esperándolo y él sufriendo en soledad.

MIGUEL   Pero olvídalo, de verdad, que no tiene ninguna importancia. Además, si crees que eso ha sido sufrir, no veas lo que le pasó después a Jaime.

LINA   ¿A Jaime?

MIGUEL   Sí, terminamos el encuentro y los tíos del pueblo ese no admitían que su equipo hubiese perdido, así que un grupo de gamberros nos esperó a la salida y empezaron a arrojarnos botellas y piedras hasta que los dispersó la policía, pero a Jaime le dieron encima de un ojo y le abrieron una brecha, así que hubo que llevarlo donde el ambulatorio para que le pusieran unos puntos. Ya me dirás si no es eso peor que lo de mi golpe.

LINA   Pobre Jaime. Mañana llamaré a su madre a ver qué tal está.

MIGUEL   Se recuperará. Nos quedamos allí esperando hasta que terminaron de curarlo y nos lo pudimos traer.

LINA   Entonces, ¿esa es la razón de que hayáis llegado hoy tan tarde?

MIGUEL   Claro. ¿Acaso pensabas otra cosa?

LINA   Comprenderás que no se me iba a ocurrir eso. No, la verdad es que tu padre y yo estábamos preocupados.

MIGUEL   Mamá…, que ya sé cuidarme solo.

LINA   Pero era extraño que no hubieses llamado…

MIGUEL   No había teléfono cerca.

LINA   …Y lo menos que se podía pensar es que os hubiese ocurrido algo.

MIGUEL   ¿Qué dices? ¡Qué nos va a ocurrir!

LINA   ¿Qué sé yo? Podíais haber pinchado una rueda por el camino o haber decidido quedaros a pasar la noche.

MIGUEL   O haber tenido un accidente, ¿no es eso lo que querías decir?

LINA   Sí, eso precisamente.

MIGUEL   ¡Oh, mamá! No seas agorera.

LINA   No se trata de ser o no ser agorera. Se trata de que podía haberte ocurrido algo y no iba a quedarme yo aquí tan tranquila esperando como si aún no fuese la hora de regresar.

MIGUEL   Quizá preferirías que me quedase aquí encerrado todo el santo día sin salir para que no me pasase nada.

LINA   ¿Pero es que no entiendes lo desagradable que es para mí veros montar cada fin de semana en ese autobús que se está cayendo a trozos? Y si encima luego tú no regresas y no se te ocurre avisar, comprenderás que lo más normal es que me preocupe.

MIGUEL   De acuerdo, de acuerdo. Me compraré un móvil y te llamaré cada cinco minutos. Espero que así estés contenta.

LINA   A veces te pones peor que tu padre para hablar contigo. Lo único que yo quiero es no tener que estar temiendo que si suena el teléfono fuera de horas no seas tú sino alguien con una mala noticia.

MIGUEL   Bueno, vale. Prometo que no volverá a ocurrir; ¿está bien así? Por hoy ya ves que no ha pasado nada y que estoy sin percance.

(LINA *está con los ojos gachos y aparenta enfa-do.* MIGUEL *la toca ligeramente en el hombro.* ELLA *refunfuña y* MIGUEL *la vuelve a tocar has-ta que se abrazan.*)

LINA   ¿Podrás perdonar a esta pobre vieja que no sabe dejar a su hijo en libertad?

MIGUEL   ¿Y perdonarías tú a este niño tonto que no sabe que su madre solo actúa por amor?

LINA   Quizá algún día podré hacerme a la idea de que ya no eres mi niño pequeño sino todo un hombre que terminará por irse del hogar.

MIGUEL   Vamos, vamos; tampoco tengas tanta prisa. Yo no tengo ninguna por marcharme.

LINA   Eso dices ahora, pero pronto encontrarás a la chica con la que querrás casarte, y enton-ces olvidarás a tu madre, sola para siempre.

MIGUEL   No digas eso; yo no te dejaré nunca. No hay ninguna chica con tu pelo.

LINA   Pero si no me molesta, de verdad; es natural que eso suceda. Tan solo espero que te vaya mejor que a mí.

MIGUEL   ¿Tanta queja tienes de tu vida con papá?

LINA   No es que tenga ninguna queja concreta con-tra él, pero a veces pienso que…

MIGUEL   Sabes que me siento mal cuando dices eso.

LINA   Vamos, no debes sentirte culpable de nada.
              Solo son cosas que pasan.

MIGUEL   Pero tratas a las cosas como si fuesen errores.

LINA   Posiblemente mi error fue creer que quería
              algo que no quería en realidad.

MIGUEL   ¿Y yo? ¿Soy un error?

LINA   ¿Tú? ¿Cómo dices eso? Tú eres lo único bue-
              no que me ha dado la vida; lo único que me
              hace resistir.

MIGUEL   Me entristecen tus palabras, y sí, haces que
              me sienta culpable de tu infelicidad.

LINA   Carlos, Carlos. ¿No ves que a nada quiero
              tanto como a ti?

MIGUEL   Pero corres el riesgo de perderme.

LINA   Jamás; antes preferiría perderme yo.

MIGUEL   Sabes que me voy, que tengo que marcharme.

LINA   No hagas eso. Eres lo único que me queda
              por perder.

MIGUEL   Adiós, mamá.

LINA   Carlos, vuelve. Te necesito.

MIGUEL   Buenas noches, mamá.

LINA   Carlos, Carlos, te quiero. ¡Carlos! (MIGUEL
              sale. LINA *se queda sobre la cama llorando. Se
              oyen botes de un balón fuera de escena.* LINA
              lo oye; cree que es Carlos.) ¿Carlos?

              (LINA *se levanta con curiosidad. Surge un ba-
              lón que llega hasta sus manos. Lo recoge, lo
              mira y lo arroja espantada.* MIGUEL *regresa.*)

HIJO   Estoy aquí.

MIGUEL   ¿Eh, decías algo?

HIJO   He regresado.

LINA   Carlos no ha vuelto aún. Salió por la maña-
              na y dijo que volvería por la noche, pero ya
              es muy tarde y todavía no ha vuelto.

HIJO   No quiero volver a marcharme.

MIGUEL   ¡Bah! No te preocupes.

HIJO   Estoy mejor aquí…

LINA   Aún no ha vuelto.

HIJO   …A vuestro lado.

LINA   Me dijo que llamaría para decir si se iba a re-
        trasar y que no lo esperase levantada. Yo le
        dije que no me acostaría hasta que él vinie-
        se. Volvimos a discutir; es siempre lo mismo,
        pero yo no puedo dormir si no lo he visto
        antes, si no sé que él ya está tumbado en la
        cama de su habitación.

MIGUEL No le des más importancia de la que tiene.
        Seguramente se habrán quedando festejan-
        do la victoria, si es que la ha habido.

HIJO   Buenas noches, papá.

MIGUEL Buenas noches.

HIJO   Buenas noches, mamá.

LINA   ¿Es que te acuestas ya?

MIGUEL Claro, ¿no lo ves?

HIJO   Es hora de acostarse.

MIGUEL Ya es hora.

LINA   Y si le ha pasado algo a tu hijo, ¿qué?

MIGUEL ¿Qué le va a pasar?

HIJO   ¿Qué me va a pasar?

LINA   ¡Yo qué sé! Cualquier cosa.

HIJO   ¿Qué me va a pasar?

MIGUEL   Vamos a ver, Lina; es ya muy tarde, son las tantas de la noche y estoy cansado; no esperarás que me quede de pie y en vela aguardando a un hijo veinteañero que se retrasa.

HIJO   No quiero que me pase nada.

LINA   Sí, eso es precisamente lo que espero de ti.

HIJO   Quiero estar aquí.

MIGUEL   Lina, por favor, no seas histérica.

HIJO   Quiero quedarme aquí.

MIGUEL   Si el chico viene tarde, déjalo: ya es grande; como si quiere pasar toda la noche fuera.

HIJO   Para siempre.

LINA   Y a ti te daría igual.

HIJO   No me mandéis a la cama.

MIGUEL   ¿Y cómo quieres que me dé?

HIJO   No tengo sueño.

MIGUEL   ¿Voy a montarle un número como si fuese un delincuente o prefieres que contrate un detective que lo vigile de día y de noche? Lina, seamos serios.

HIJO   Me asusta dormir solo.

LINA   Yo soy quien se lo toma en serio. Tú solo haces malas bromas que algún día pagarás.

HIJO   ¿Puedo dormir con vosotros?

MIGUEL   Bueno, ya estamos igual. ¿Se puede saber qué le pasa hoy a la señora? Vamos, habla, ¿o voy a tener que estar así toda la noche? ¿Qué te pasa? Di algo.

HIJO   ¿Puedo dormir con vosotros?

LINA   Nada, no me pasa nada.

MIGUEL   Puedes hablar; te escucho.

HIJO   Mi habitación está muy oscura.

LINA   He dicho que no me pasa nada.

HIJO   En la ventana se oyen ruidos.

MIGUEL   Lina, que ya está bien tocada la pieza: o me dices lo que te pasa o te buscas a otro para discutir esta noche.

HIJO   Hay un monstruo debajo de la cama.

LINA   Eres un insensible.

MIGUEL   ¡Ja!

LINA   ¿Ja?

HIJO   Saca los brazos para agarrarme las piernas.

MIGUEL   Ja, sí; faltaría más. ¿Conque es eso otra vez?
              No se te pasa el cuento.

HIJO   Si asomo los pies o las manos me cogerá.

LINA   Oye, que no quiero discutir. Aquí el que ha
              preguntado has sido tú.

HIJO   Y hay un pájaro malo que quiere picarme en
              los ojos.

MIGUEL   Está bien, pero comprenderás que ya esté
              bastante cansado de escuchar siempre el mis-
              mo reproche.

HIJO   Y en el armario hay un brujo feo de ojos ro-
              jos que quiere secuestrarme y hacerme su
              prisionero.

LINA   Por mí puedes pensar lo que quieras.

HIJO   Y las paredes están llenas de seres que me
              miran, cuchichean, me apuntan con sus de-
              dos, se burlan de mí.

MIGUEL   Está bien; admito cualquier cosa si eso es lo
              que quieres.

HIJO   Y mis muñecos están con ellos.

MIGUEL   Me confieso culpable de insensibilidad por no preocuparme de a qué hora vuelve mi hijo a casa. Lina, esto es grotesco.

HIJO   Mi payaso me da miedo.

LINA   Para ti todo es grotesco.

HIJO   Y mi osito me quiere comer.

MIGUEL   Eso no es cierto, pero no le encuentro sentido a estar aquí doliéndonos por Carlos cuando él estará disfrutando en cualquier bar con los compañeros del equipo.

HIJO   Y yo os llamo a gritos pero vosotros no me oís.

LINA   No seas simple; ese ya no es el tema.

HIJO   Y no venís y me dejáis solo.

MIGUEL   ¿El tema? ¿Qué tema?

HIJO   Y estoy siempre solo porque ya no os importo.

LINA   El tema es que hace mucho que noto que cada vez te importa menos lo que digo.

HIJO   Porque nadie me quiere.

MIGUEL   Lina, Lina…, si yo solo te quiero a ti.

HIJO	Porque no me queréis.
LINA	Yo ya no estoy segura de eso.
HIJO	Y yo os quiero tanto a vosotros.
MIGUEL	Entonces ¿qué quieres? ¿Quieres que me arrodille ante ti y te bese los pies? ¿Eh? ¿Quieres que me tatúe tu nombre en el rostro? ¿O prefieres que abra las ventanas y grite al pueblo que te quiero?
HIJO	Solo quiero estar aquí.
LINA	No, no necesito nada de lo que dices.
HIJO	Dadme un beso.
MIGUEL	¿Pues qué es lo que necesitas?
HIJO	Dadme un único beso.
LINA	Solo quiero sentirte.
HIJO	O dejadme que os lo dé yo.
MIGUEL	¿Después de tantos años? Y aún no me sientes.
HIJO	Dejadme que os dé un beso.
LINA	Piensa lo que quieras. Yo no tengo nada más que decir.

HIJO	Solo os quiero dar un beso.
MIGUEL	Claro que tienes mucho que decir. ¡Vaya si lo tienes!
LINA	¿Ves cómo eres un insensible? Todo te da igual, nada te afecta.
MIGUEL	Claro que me afecta, pero no voy a estar martirizándome por cualquier contrariedad, como tú ahora por Carlos.
LINA	Pobre Carlos; debe de haberles pasado algo.
HIJO	Tan solo quería daros un beso a cada uno.
MIGUEL	¿Te das cuenta? Vuelta a lo mismo.
HIJO	Un beso para cada uno.
LINA	Es que tú no lo entiendes.
HIJO	O a los dos a la vez.
LINA	Carlos es lo único que siento mío de verdad.
HIJO	Lo siento.
MIGUEL	Carlos no es tuyo ni mío.
HIJO	Lo siento mucho.
MIGUEL	Es solo de sí mismo.

HIJO   Perdonadme.

MIGUEL   Y tú sí tienes muchas cosas.

HIJO   No volveré a hacerlo más.

MIGUEL   Me tienes a mí.

HIJO   No volveré a molestaros.

LINA   A ti ya no te puedo ver como el chico guapo que venía a buscarme para salir de paseo.

HIJO   Se acabaron mis juegos de niño.

MIGUEL   Sin embargo tú eres aún la muchacha del hermoso pelo que conocí un día en el baile. Oh, Lina, Lina...

HIJO   Nunca más oiréis mis quejas.

MIGUEL   ¿Qué necesidad hay de discutir?

HIJO   Nunca más me veréis llorar.

MIGUEL   ¿Por qué no aceptar simplemente las cosas como vienen?

HIJO   Esta ha sido la última vez.

LINA   Pero lo que viene es el hecho de que he dejado de creer en ti.

HIJO   La última.

MIGUEL   Siento mucho que hayas llegado a esa con-
            clusión. Incluso ahora confío en que tan solo
            estés engañándote a ti misma, pero respeto
            tu decisión.

HIJO   Debo ser fuerte.

LINA   Gracias.

HIJO   A partir de ahora debo ser fuerte.

MIGUEL   ¿Has pensado en qué vas a hacer a partir de
            ahora? Podemos separarnos, si es eso lo que
            quieres.

HIJO   Y pensar solo en mí.

LINA   No he pensado aún en nada.

MIGUEL   ¿Y Carlos?

HIJO   ¿Yo?

MIGUEL   ¿Cómo se lo vas a decir?

HIJO   ¿Qué me vais a decir?

MIGUEL   ¿O prefieres que le digamos entre los dos
            que él solo ha sido el nexo entre tú y yo, y que
            ahora que ha crecido nada puede hacer por
            nosotros? ¿Eh?

HIJO   ¿Qué más debo saber?

MIGUEL   ¿Es eso lo que tienes previsto decirle?

HIJO   ¿Por qué no me dejáis que viva tranquilo?

LINA   Cállate.

HIJO   Perdón.

MIGUEL   No, no pienso callarme.

HIJO   No quiero saber más.

MIGUEL   A él le va a interesar mucho saber que la verdad vale menos que los puntos de vista.

HIJO   ¿A qué conduce esto?

MIGUEL   Venderás tu sacrificio: «Carlos, esto es lo que he hecho durante veinte años por ti».

HIJO   Esto no nos puede hacer ningún bien.

MIGUEL   Y tú te presentarás como la mártir que se ha destruido por el bien de su niñito.

HIJO   Nada de esto es verdad.

LINA   Cállate; es muy tarde ya.

HIJO   Los monstruos han salido de mi habitación.

MIGUEL   «Carlos, el amor que hemos aparentado es mentira; el mundo es falso; el afecto no existe».

HIJO   El brujo del armario me ha atrapado entre sus brazos.

MIGUEL   Y él te lo agradecerá.

HIJO   Me arrastra hacia el mundo de las sombras.

LINA   ¿Y ahora puede saberse qué es lo que quieres tú?

HIJO   Allá donde los pájaros se alimentan con los ojos de los niños.

MIGUEL   Que no pongas tantas barreras.

HIJO   Donde no hay lugar para los besos.

MIGUEL   Que no te niegues a poder quererme en un futuro.

HIJO   Donde ningún padre se adentra en busca de los hijos perdidos.

LINA   Y vivir nuestro crepúsculo como si estos últimos veinte años no hubiesen existido, ¿no es así?

HIJO   No os veré más.

MIGUEL   Como si hubiesen sido superados.

HIJO   No me veréis más.

LINA   Me temo que ya es muy tarde para mí.

HIJO   Me llevan a un sitio del que no se puede re-
            gresar.

MIGUEL   Entonces no hay nada que se pueda hacer.

HIJO   Aquí termina todo.

LINA   Nada; tan solo seguir esperando a Carlos.

HIJO   Os seguiré queriendo.

MIGUEL   ¿Y si no viene?

HIJO   Pero hemos muerto los unos para los otros.

LINA   Él no puede fallarme.

HIJO   Adiós.

LINA   Vendrá.

            (*Pausa. Suena un teléfono; la primera vez no
            lo perciben; la segunda, se miran asustados; la
            tercera,* MIGUEL *se levanta; la cuarta,* MIGUEL
            se acerca a LINA *y la toma por los hombros; la
            quinta,* LINA *se suelta y va al centro del esce-
            nario; la sexta,* LINA *grita; la séptima vuelve a
            gritar y empieza a oírse un bote. El balón sale
            y lo coge* LINA. *El teléfono ha dejado de oírse.*

Pausa. Amanece. MIGUEL *estira las ropas de la cama mientras* LINA *permanece quieta con el balón.)*

MIGUEL   Hoy tampoco ha venido Carlos. Puedes esperar todo el tiempo que quieras junto a la ventana, pero se está haciendo de día y Carlos nunca viene cuando empieza a amanecer. Probablemente querrás dormir un rato, así que he arreglado las ropas de la cama para ti.

LINA   Carlos tiene una habitación con una cama para él solo. Siempre duerme en su cama. Dice que le gusta porque está mullida y blandita, y tiene cuatro paredes acolchadas por dentro que lo sujetan para que no se caiga, y una tapa que lo protege para que no le molesten el frío ni el calor.

MIGUEL   ¿Acaso buscas tú dormir en la cama de Carlos? (LINA *se sienta; con una mano sujeta el balón en el regazo y con la otra se pasa el cepillo por el cabello.)* Estás bellísima así; tan hermosa que no se diría que estás ausente.

LINA   Carlos está dormido. Está soñando conmigo y yo estoy soñando con él.

MIGUEL   Sí, mi amor. Carlos duerme y tú también; pero su sueño es eterno y tú aún puedes despertar.

LINA   Carlos volverá cuando anochezca, y yo lo es-
            taré esperando con mi crepúsculo asomado
            a la ventana.

MIGUEL   Y yo esperaré a recoger el rocío de la noche
            que te haga regresar.

LINA   Carlos, amor.

MIGUEL   No más Carlos: Miguel, Miguel. Por favor,
            háblame, escúchame. No te pido que me
            quieras, ya sé que es inútil, pero deja de ha-
            cernos sufrir.

LINA   Carlos.

MIGUEL   Carlos no, Lina: Miguel.

            (LINA *acaricia la cabeza de* MIGUEL. MIGUEL
            la mira extrañado y LINA, *con una sonrisa, le
            hace entrega del balón,* MIGUEL *va a hablar,
            pero* LINA *se lo impide tapándole la boca.*)

LINA   Sin palabras, y sin lágrimas. No hay nada que
            entender. Buenas noches.

MIGUEL   ¿Te vas a dormir?

ELLA   (*Aparece.*) No hay respuesta.

            Oscuro.

Escena VII
Historia de un adiós.

ELLA   Hablaré ahora yo, que no tengo nombre ni lugar. Hemos vuelto al dormitorio, pero no me preguntéis por qué. Sí os sé decir, en cambio, quiénes son, pero todos lo saben ya. El padre, la madre y el hijo. ¿Qué nos queda por hacer? Poca cosa; tan solo asistir a la despedida final.

HIJO   Prácticamente se puede decir que ya hemos terminado.

MADRE   Nada que objetar.

PADRE   No.

HIJO   ¿No hemos terminado?

PADRE   No, nada que objetar.

HIJO   ¡Ah!

ELLA   Silencio.

PADRE   ¿Has pensado qué es lo que vas a hacer?

HIJO   No. Bueno, tengo algunas ideas.

MADRE   Si necesitas ayuda…

HIJO   Gracias, ya lo sé.

ELLA   Silencio.

MADRE   Insisto en que te equivocas.

PADRE   Calla.

HIJO   No voy a discutir contigo.

PADRE   No hables así a tu madre.

HIJO   Es ella la que ha empezado.

PADRE   Y tú el que la sigue.

HIJO   Defiendo mi postura.

PADRE   Atacas.

HIJO   Yo soy quien no quiere discutir.

MADRE   No os peleéis.

PADRE   Nadie se está peleando.

HIJO   Tú sí.

MADRE   Tú también.

HIJO   Tú tienes la culpa.

PADRE   Nadie está hablando de culpas.

MADRE   Sí, yo sí.

HIJO   Y yo.

PADRE   Yo también.

ELLA   Silencio.

PADRE   ¿Es para siempre?

HIJO   No lo sé.

MADRE   Mejor que lo sea.

PADRE   ¿No hablarás en serio?

HIJO   Nunca habla en broma.

MADRE   Nunca hablo en broma.

HIJO   Eso he dicho.

MADRE   Por si acaso.

ELLA   Silencio.

HIJO   Entonces…

PADRE   ¿Qué?

HIJO   ¿Qué?

PADRE   ¿Entonces, qué?

HIJO   ¡Ah! Nada.

MADRE   ¿Nada?

HIJO   Lo de siempre.

PADRE   ¡Ah!

ELLA   Silencio.

MADRE   Estoy confundida, confusa.

PADRE   Pasará.

MADRE   ¿Tú crees?

PADRE   Sí.

MADRE   Yo no estoy tan segura.

PADRE   Ya verás.

HIJO   Vais a hacerme llorar.

MADRE   No te burles.

HIJO   No lo hago.

MADRE   Disimulas.

HIJO   Eso sí.

ELLA   Silencio.

PADRE   Me voy.

HIJO   ¿Ya?

PADRE   Sí, me voy.

HIJO   ¿Te vas?

MADRE   ¿Quieres?

HIJO   Decide tú.

PADRE   ¿Vienes?

MADRE   Sí. No.

ELLA   Silencio.

MADRE   Me voy.

PADRE   Espera un momento.

MADRE   ¿Por qué?

PADRE   La decisión no es nuestra. Que empiece él.

HIJO   Yo ya me he ido.

PADRE   Eso es cierto.

MADRE   ¿Entonces…?

PADRE   Nada; era por intentarlo.

ELLA   Silencio.

PADRE   ¿Y bien?

MADRE   Cuando quieras.

PADRE   Entonces, vamos.

MADRE   De acuerdo.

HIJO   Está bien así.

MADRE   ¿Serás bueno?

HIJO   Seré como soy.

PADRE   Nos vemos.

HIJO   Es posible.

MADRE   Cuando quieras.

HIJO   Que os vaya bien.

PADRE   Y a ti.

MADRE   Adiós.

HIJO   Adiós.

PADRE   Adiós.

HIJO   Adiós.

MADRE   Adiós.

HIJO   Adiós.

ELLA   Silencio. (*El* PADRE *y la* MADRE *se van. El* HIJO *se queda.*) Todo, y cuando digo todo me refiero a cuanto ha sido contemplado hasta ahora mismo, todo, repito, forma parte de lo que en algún momento habría sido considerado un sacrificio expiatorio. Pero esta historia carece de misterio porque es siempre la misma historia, la misma historia de siempre, la historia que siempre se repite sin ninguna novedad, la historia de todos, la historia que no cambia, la misma historia.

(*Oscuro.*)

Fin.

Madrid, 1989-90
Reescritura: 2001

Esta primera edición de *La misma historia*,
de Pedro Víllora, terminó de imprimirse
en septiembre de dos mil veinticinco,
en Madrid.